1 MONTH OF
FREE
READING

at

www.ForgottenBooks.com

By purchasing this book you are eligible for one month membership to ForgottenBooks.com, giving you unlimited access to our entire collection of over 1,000,000 titles via our web site and mobile apps.

To claim your free month visit:

www.forgottenbooks.com/free756922

ISBN 978-0-666-72896-8
PIBN 10756922

DE
MAXIMILIEN-
EMANUEL
DUC DE WIRTEMBERG,
COLONEL D'UN REGIMENT
DE DRAGONS AU
SERVICE DE SUEDE.

Contenant plusieurs particularités de la Vie de CHARLES XII *Roi de* Suède, *depuis* 1703 *jusqu'en* 1709, *après la Bataille de* Poltowa.

Par Mr. F. P.

A AMSTERDAM & A LEIPZIG,

Chez ARKSTEE & MERKUS.

MDCCXL.

PREFACE.

L E Prince qui fait le sujet de ces Mémoires, sorti d'un sang illustre qui a donné plusieurs grands Généraux à *l'Allemagne*, eut dès sa plus tendre jeunesse beaucoup de panchant pour la Guerre, & apprit l'Art Militaire sous le fameux CHARLES XII Roi de *Suède*. Il fut suivi dans ses campagnes par quelques personnes qui eurent soin de faire des recueils de plusieurs évènemens de sa vie. Ces Pièces ou ces Recueils écrits en *Allemand* m'étant tombés, il y a quelques mois, entre les mains, la curiosité me porta à les parcourir, & j'eus lieu d'en

*   être

être satisfait. Je les trouvai semés d'un grand nombre de faits curieux, & d'anecdotes secrettes & intéressantes, concernant la vie de CHARLES XII, ce Héros du *Nord* : Monarque aussi célèbre par ses victoires & ses disgraces, qu'admirable par plusieurs grandes qualités qui ne sont pas ordinaires aux Souverains. Charmé d'avoir découvert ces particularités tant de la vie du Roi de *Suède* que du Prince de WIRTEMBERG, digne imitateur de ses vertus & de sa valeur, je me proposai, pour m'occuper dans mon loisir, de les arranger & de les écrire en *Français*. Je choisis ce qui me parut le plus intéressant, & insensiblement j'en composai ces Mémoires, dans l'ordre où ils sont. Les sources où je les ai puisés sont sures. J'en ai tiré la plus grande partie d'un

d'un Journal écrit en *Allemand*
par un nommé Mr. *Bardili*, qui
accompagna le Prince de W i r-
t e m b e r g dans toutes ses
campagnes, & qui dessert à présent avec beaucoup d'édification
l'Eglise *d'Erberstieg* dans le *Wirtemberg*. Je me suis aussi servi
d'une Relation *Allemande* écrite
par le Baron de *Sittman*, Officier *Prussien* qui fut envoyé par
le Roi son Maître à C h a r l e s
XII, pour traiter de quelques affaires. Il fit plusieurs campagnes
sous ce Prince en qualité de
Volontaire, & le suivit jusqu'à la
Bataille de *Pultowa*. Je ne me
suis pas contenté de ces garants
publics & autentiques, j'en ai
consulté de particuliers, lorsque
j'ai cru appercevoir quelques faits
suspects de partialité. J'ai eu
recours pour cet effet à des
Personnes qui ont été à portée

de voir le Roi de *Suède*, pendant fon féjour en *Pologne* & en *Allemagne*, & qui m'ont paru impartiales & bien informées. En un mot, j'ai tâché de ne rien préfenter que de vrai à l'attention du Public, & l'ai refpecté en refpectant la vérité que bien des Ecrivains ne fe font fouvent point de peine de déguifer, ou d'enterrer.

Si l'on confronte ces Mémoires avec le Continuateur de *l'Etat de la Suède* & l'élégant Hiftorien de CHARLES XII, Mr. *de Voltaire*, il fera aifé de remarquer qu'ils en diffèrent à plufieurs égards, furtout par rapport à quelques circonftances effentielles de Batailles. Il eft fâcheux que Mr. *de Voltaire*, qui me paroit écrire avec autant d'impartialité & de bonne-foi que de dignité

té & de force, ait manqué des secours néceſſaires pour ſon Ouvrage. Avec de fidelles Mémoires il auroit donné au Public une excellente Hiſtoire de Charles XII, & auroit été un digne Hiſtorien de ce Héros, qu'il auroit peint à la Poſtérité avec des couleurs auſſi vraies que vives. Je ſuis tenté de faire ici une remarque ſur ce que cet illuſtre Auteur dit du Roi de *Suède* à la fin de ſon Hiſtoire, qu'*il avoit puiſé dans la converſation du fameux* Leibnits *beaucoup d'indifférence pour le Luthéraniſme.* Comme on ne peut juger des ſentimens du cœur que par les actions, on n'a pas lieu de croire que ce Prince ait eu dans la ſuite moins de reſpect & de zèle pour ſa Religion, qu'il n'en avoit témoigné pendant ſon ſéjour en

Al-

Allemagne, en protégeant les Protestans de *Siléfie* : car il s'acquita toujours avec la même exactitude des devoirs extérieurs de la Religion Luthérienne, foit en *Pologne*, foit dans l'*Ukraine*, foit même en *Turquie*.

Quelques perfonnes feront peut-être furprifes des fréquentes digreffions qui fe trouvent dans ces Mémoires. Je me fuis cependant flaté qu'on ne m'en fauroit pas mauvais gré. Je les ai faites pour rendre ce petit Ouvrage plus inftructif, en donnant au Lecteur une jufte idée des Provinces & des Lieux où étoit le théatre de la Guerre. J'ai cru auffi qu'après avoir lu la defcription de plufieurs Batailles & de plufieurs Sièges, l'efprit avoit befoin d'être recréé par quelques digreffions, qui ne font pas tout-à-fait étrangères au fujet que l'on traite.

Je

Je suis encore entré dans quelque détail de la vie du Prince de WIRTEMBERG & de CHARLES XII, parce que c'est quelquefois dans de petites choses que l'on peut bien démêler le caractère des grands Princes, & que tout devient intéressant quand on parle d'eux.

Je n'ai pas non plus négligé de rapporter les combats donnés par les Officiers *Suédois* en l'absence de CHARLES XII, & j'ai cru devoir le faire à cause de l'empressement du Public à s'instruire de tout ce qui regarde les Campagnes de ce Monarque.

Au reste on ne trouvera pas dans ces Mémoires les agrémens d'un stile fleuri : je crains même que je n'aye besoin de l'indulgence du Lecteur pour des irrégularités & des négligences qui peuvent y être répandues. Quoi qu'il qu'il en foit, j'ai tâché d'écrire d'une manière simple & naturelle, & je me fuis plus attaché à inftruire qu'à amufer, ce qui doit être le véritable but de l'Hiftoire.

B. Picart del. C. V. Boekma. sc.

MEMOIRES

DE

MAXIMILIEN-EMANUEL

DUC DE WIRTEMBERG,

COLONEL D'UN REGIMENT

DE DRAGONS AU

SERVICE DE SUEDE.

L A Maison de Wirtemberg
est si connue par le rang
qu'elle tient dans l'Empire
& par ses alliances, qu'il
est

A

est inutile de s'arrêter à en faire une longue généalogie.

Le Prince Maximilien-Emanuel étoit petit-fils (1) d'Eberhard troisième, Duc régnant de Wirtemberg-Stutgard, qui eut quatre fils de son prémier mariage avec Anne-Catherine Comtesse du Rhin. 1. Fridéric décédé à Londres en 1659. 2. Guillaume-Louis. 3. Fridéric-Charles, & 4. Charles-Maximilien. Fridéric-Charles, qui fut père de Maximilien-Emanuel, dont j'entreprens d'écrire l'histoire, fut chargé, comme le plus proche parent, de la tutelle de son jeune neveu Eberhard-Louis, & de la régence du Duché après la mort de Guillaume-Louis son frère. Il épousa Éléonore-Julie, Princesse de la Maison de Brandebourg-Anspach, dont il eut quatre fils. L'ainé des Princes fut (2) Charles-Alexandre, qui parvint à la régence après le décès du Duc Eber-hard-

____

(1) Il épousa en secondes nôces Marie-Dorothée-Sophie Comtesse d'Oettingue.

(2) Il a été Feld-Maréchal des Armées de l'Empereur, & Gouverneur de la Servie & de Belgrade. Il embrassa la Religion Catholique en 1712.

hard-Louis son cousin germain.   Le second fut Henri-Fridéric (1). Maximilien-Emanuel, notre jeune Héros, fût le troisième : il nâquit le 27 Février 1689. Le plus jeune fut Fridéric-Louis (2).

A peine le Prince Maximilien-Emanuel fut-il sorti de l'enfance qu'il alla faire ses études à Tubingue & à Genève.   Il ne laissa pas à cet âge de les faire avec beaucoup de succès. Il apprit en peu d'années tout ce qu'il convient à un Prince de savoir.   Son application jointe à la facilité de son génie, lui rendit aisée l'étude des Belles-Lettres & des Mathématiques. Il réussit également dans les Exercices du corps, à monter à cheval & à faire des armes.   Il y fit en peu de tems de fort grands progrès.
L'in-

---

(1) Il avoit eu, pendant quelques années, un Régiment au service de Hollande, qu'il quita pour entrer à celui de l'Empereur. Il a été tué dans les dernières Guerres d'Italie, à la Bataille de Parme, si je ne me trompe.

(2) Il servit aussi l'Empereur, & fut tué en Italie, à la Bataille de Guastalla, à ce que je crois. Ce Prince, & Fridéric-Henri son frère, se sont distingués par leur bravoure, & leur capacité dans l'Art Militaire.

L'inclination pour la Guerre que l'on remarquoit déjà dans ce Prince, n'y contribua pas peu. Des relations de Combats, de Sièges, de Batailles, faisoient ses lectures favorites; & des Plans de Fortifications, sa plus agréable occupation. Il ne pouvoit entendre parler sans admiration, & sans une secrette envie, de la valeur & des exploits de Charles XII. Roi de Suède : Prince qui étoit alors aussi célèbre par ses victoires, qu'il l'a été dans la suite par ses malheurs.

Le Prince Maximilien de retour dans sa patrie en 1703, fut destiné à prendre le parti qui flatoit le plus sa passion favorite. Il souhaita de faire son aprentissage dans l'Art Militaire sous le Roi de Suède; qui avoit porté la guerre en Pologne, & qui par ses heureux succès occupoit la vigilance de toutes les Puissances du Nord, & s'attiroit l'attention de toute l'Europe. Comme dans la suite j'aurai très souvent occasion de parler de ce Roi, il est à propos de donner ici une idée de son caractère, & de toucher le sujet qui lui mit les armes à la main contre le Roi de Pologne.

La Nature avoit donné à Charles XII

XII toutes les difpofitions du corps néceffaires à un Guerrier; & il auroit poffédé toutes les qualités d'un grand Prince, s'il avoit eu plus de modération & de prudence. Sa taille étoit au deffus de la médiocre, & bien proportionnée. Par une vie dure & par de pénibles exercices, il s'étoit fait de bonne heure un tempérament à l'épreuve des plus grandes fatigues. Il ne connut ni le luxe, ni la volupté, qui amollit quelquefois les plus grands Conquérans. Il connoiffoit le mérite, & le récompenfoit même dans fes ennemis. Il étoit frugal, tempérant, defintéreffé, libéral, plein d'ambition & de courage, intrépide dans les plus grands dangers, hardi dans fes projets, d'une activité & d'une fermeté étonnante dans l'exécution. Sans une fauffe idée qu'il s'étoit fait de la Gloire, il n'auroit pas furvécu à la fienne: mais enivré d'une longue fuite de profpérités, & inflexible dans fes projets de vengeance, il plongea dans la fuite fes Troupes & fes Etats dans les derniers malheurs. Tel étoit le Monarque qui occupoit alors le Trône de Suède. Diverfes circonftances de la vie de ce Prince que j'aurai occafion de rap-

por-

porter dans ces Mémoires, en developperont mieux le caractère.

Le Roi Charles XI son père étant mort le 15. d'Avril 1697, il fut déclaré majeur par les Etats du Royaume au mois de Novembre de la même année, à l'âge de quinze ans & cinq mois. A peine fut-il monté sur le trône, qu'il eut à soutenir la guerre contre trois Puissances voisines, qui se liguèrent contre lui ; le Roi de Pologne, le Roi de Dannemarc, & le Czar de Moscovie. Ils convinrent de l'attaquer chacun de leur côté, se flatant trop facilement que Charles dans un âge aussi tendre ne seroit pas capable de leur résister. Le jeune Roi se hâta de prévenir la jonction de ces trois Puissances, & résolut d'attaquer la première qui se déclareroit. Il tomba d'abord sur les troupes Danoises, avec un secours de 30 Vaisseaux que lui fournirent les Anglois & les Hollandois. Il chassa la Flotte Danoise jusques dans le port de Coppenhague où il la tint resserrée, fit descente à la tête de 5000 hommes sur les côtes de Danemarc, malgré le feu d'un corps de Milice, & la résistance d'un gros de Cavalerie ; & les ayant chargé avec beau-

beaucoup de vigueur, il les mit en déroute. Une action auſſi hardie jetta l'effroi dans l'eſprit de l'Ennemi, qui vint lui demander la paix.

De-là Charles avec 8000 hommes de troupes aguerries paſſa en Livonie pour aller ſecourir Narva, que le Czar étoit venu aſſiéger avec une Armée d'environ 100000 hommes. Il les força dans leurs retranchemens avec ſa petite Armée, & par des prodiges de valeur il répandit par-tout la terreur & le carnage. Trente mille Moſcovites furent paſſés au fil de l'épée, vingt-mille demandèrent quartier, & le reſte fut pris ou diſperſé.

Après une victoire ſi ſignalée, Charles renforcé de 15000 hommes marcha le printems ſuivant du côté de Riga, pour livrer bataille aux Saxons qui ſe diſpoſoient à l'aſſiéger. Il pénétra dans leurs retranchemens, les mit en fuite, leur tua 2000 hommes, & fit 1500 priſonniers. Il prit enſuite Mittau, & toutes les places du Duché de Courlande, dont les Saxons s'étoient emparés. Ces avantages furent ſuivis de deux actions à Sagnits & à Bautſch, où les Suédois défirent les Moſcovites. L'année ſui-

vante, 1702, le Roi Charles entra en
Pologne. Après avoir dissipé plusieurs
partis Polonois, il s'avança vers Varsovie, battit près de Clissau avec 10000
hommes le Roi de Pologne qui commandoit 33000 Saxons, & le poursuivit jusqu'à Cracovie, dont il fit rompre les portes, & emporta le château
d'assaut. Le Roi Auguste se vît encore obligé de fuir, & de se retirer à Sandomir.

Charles, au commencement de 1703,
répandit ses troupes vis-à-vis de Varsovie sur les bords de la Vistule, en
attendant les délibérations de la Diète
que le Cardinal Primat avoit convoquée
dans cette ville. Le Roi de Suède y
proposa les moyens d'allier la République avec la Suède, mais sous la condition qu'elle commençât par détrôner
elle-même son Roi.

C'est dans ces conjonctures que le
Prince Maximilien de Wirtemberg, qui
n'étoit âgé que de quatorze ans, se disposa
à aller en Pologne pour y apprendre le
Métier de la Guerre sous le Roi de
Suède.

Il partit en 1703 de Stutgard avec
le Prince Charles-Alexandre & Louis
ses

ſes frères, accompagné de deux Gentilshommes & d'un Chapelain. Ces
Princes étant arrivés à Dresde , furent
très bien reçus de la Reine de Pologne
& de Madame Royale mère du Roi.
La (1) Reine, à qui ils avoient l'honneur d'appartenir, leur procura les divertiſſemens de la ſaiſon, & leur donna toutes les marques poſſibles d'amitié.
Elle retint à la Cour le plus jeune des
Princes, pour décharger de ſon entretien la Princeſſe Douairière leur mère,
après en avoir reçu l'agrément du Roi
ſon époux, qui étoit alors en Pologne.

Les deux Princes ainés ayant laiſſé
le Prince Louis leur frère à la Cour de
Dreſde, ſe rendirent à Berlin, où ils
eurent l'honneur de faire leur cour à
Leurs Majeſtés Pruſſiennes , qui les
reçurent très gracieuſement. Après quelque ſéjour à cette Cour, les deux Princes ſe ſéparèrent ; le Prince Charles-A-
lexandre prit la route de la Hollande ,
pour ſe rendre à ſon Régiment qui étoit
à la ſolde de leurs Hautes-Puiſſances ;

&

(1) Cette Princeſſe étoit de la Maiſon de
Brandebourg-Bayreuth.

A 5

& le Prince Maximilien celle de Pologne, pour être témoin de la bravoure
du Roi de Suède, & tâcher d'acquérir
les qualités qui font un grand Général
à la vue d'un auſſi beau modèle. Rien
ne put engager ce jeune Prince à différer ſon voyage. Ni les plaiſſirs de la
Cour où il ſe trouvoit, ni les fatigues
d'un long & périlleux voyage, ne purent à un âge auſſi tendre ralentir ſon
courage. Ce qu'il entendoit raconter
par-tout des progrès du Roi de Suède,
ne faiſoient que l'animer davantage.

Le Prince Maximilien ayant pris congé de la Cour de Pruſſe, prit le chemin de Dantzig où il arriva en peu
de tems. Son prémier ſoin fut de demander au Réſident de Suède des nouvelles du Roi ſon Maitre, & le lieu où
il étoit. Il ne lui en apprit rien de particulier, ſinon qu'il avoit quité Cracovie, & marchoit avec ſon Armée à
Varſovie, qui eſt à cinquante milles de
Dantzig. Le Prince prit le parti de ſéjour-
ner quelque tems dans cette ville, pour
en apprendre des nouvelles plus ſures,
eſpérant que le Réſident de Suède re-
cevroit des Lettres de l'Armée. Il ſouhaitoit fort de s'éclaircir ſur le bruit
qui

qui couroit de la mort du Roi Charles.
Quelques particuliers, qui prétendoient
avoir de bonnes correspondances en Pologne, assuroient qu'il étoit mort d'u-
ne chute de cheval, & rapportoient
plusieurs particularités qui donnoient
assez de vraisemblance à cette nouvelle,
déjà répandue dans plusieurs endroits
où le Prince avoit passé. Cette fâcheuse incertitude lui causa d'abord beaucoup
d'inquietude; mais après quelques ré-
flexions, il se persuada que ce n'étoit
qu'un faux bruit, semé par des personnes à qui la mort du Roi Charles n'auroit pas été indifférente. Le Résident
de Suède n'ayant pas reçu de nouvelle
certaine à ce sujet, le Prince se flata
d'en être mieux informé par le Roi de
Pologne, qui n'étoit qu'à six milles de
Dantzig, à Marienbourg ville de la
Prusse Royale. Il lui envoya Mr. O-
siander son Chapelain, qui en fut reçu
favorablement. Ce Ministre ayant eu
occasion de demander au Roi si la nouvelle de la mort du Roi de Suède étoit
vraie, il lui répondit, *Charles vit, &*
il seroit très fâcheux qu'un aussi grand
Prince fût mort : paroles qui ayant été
rapportées à Charles XII, firent une

vive

vive impreſſion ſur lui, qu'il ne puë s'empêcher d'admirer la généroſité de ſon Ennemi.

Le Roi Auguſte ayant enſuite appris le deſſein du Prince Maximilien, lui fit auſſi-tôt expédier des paſſeports, & un ordre à ſes Généraux de lui fournir une eſcorte juſqu'aux prémiers poſtes de l'Armée Suédoiſe. Mr. Oſiander ayant reçu du Roi de Pologne de nouvelles marques de bienveillance revint à Dant-zig, fort ſatisfait de ſa commiſſion, & de l'agréable nouvelle qu'il avoit à an-noncer au Prince. Il ne différa pas à quiter cette ville pour ſe rendre à Thorn, & enſuite à Varſovie. Il paſſa ſans s'arrêter par Marienbourg & Trompel-feld, où il apprit que le Roi de Polo-gne étoit à une partie de chaſſe aux en-virons de cette ville; & continuant ſa route par quelques bourgs où étoient cantonnées des troupes Saxonnes, il vint à Marienwerder, Rondvis, Scum-pe, & arriva heureuſement à Thorn. Cette ville eſt ſituée ſur la Viſtule, & peut paſſer pour une des plus belles vil-les de la Pruſſe. Avant qu'elle eût paſſé par les horreurs de la Guerre, elle étoit défendue par de bonnes fortifications.

Elle

Elle a souffert plusieurs sièges. Gustave-Adolphe l'assiégea en 1629, & Charles-Gustave la prit en 1695, & la garda jusqu'à ce que par le Traité de la Paix d'Oliva elle fut rendue à la Pologne, qui la fit réparer.

Elle avoit, lorsque le Prince y passa, une garnison forte de 4000 Saxons, qui étoient commandés par les Généraux Rével & Canitz. Ils étoient occupés à faire environner les fortifications de la ville d'une double contrescarpe.

Le Prince y reçut tous les honneurs dus à son rang, & fut logé & traité magnifiquement pendant son séjour à Thorn. Ces Messieurs ayant vu l'ordre du Roi de Pologne, qui leur enjoignoit de faire escorter le Prince jusqu'aux prémiers postes des Suédois, ils lui représentèrent que comme il n'y avoit point de cartel entre l'Armée ennemie & eux, elle ne respecteroit pas l'escorte Saxonne & viendroit fondre sur lui, de même que les Polonois du parti contraire. Le Prince goûta ces raisons, & partit de Thorn avec une suite de dix personnes. Ayant traversé à Sluzow la Vistule qui étoit fortement gelée, il joignit au bout de quatre jours

A 7

un détachement Suédois, qui l'accompagna jufqu'à une petite ville nommée
Sochaczow ; où étoit en garnifon un
Régiment de Dragons Suédois. Le Prince très fatisfait des honnêtetés que lui
firent les Officiers du lieu, paffa de-là
à Blonie, où fe trouvoient le Général
Renfchild & le Colonel Hamilton. Il
ne s'y arrêta que quelques heures, &
arriva enfin à Varfovie fur la fin de
1703, ayant fupporté courageufement
les fatigues d'un auffi long voyage, &
évité heureufement les partis Polonois.

Cette capitale étoit alors remplie de
Grands de Pologne. Ils y étoient venus pour affifter à une Diète, convoquée pour délibérer fur l'état où fe
trouvoit alors la République. Le Prince, après avoir vu le Primat & les principaux Seigneurs Polonois & Officiers
Suédois, marqua beaucoup d'empreffe-
ment à aller faluer le Roi de Suède. Il
s'informa de l'endroit où étoit fon quartier, & obtint de Sa Majefté permiffi-
fion d'y aller, par le Général Steinbock
qui lui avoit annoncé fon arrivée. S'é-
tant donc rendu à Okoinou, petite
ville diftante de trois milles de Varfovie, il fut d'abord introduit chez le Roi,
qui

qui charmé des inclinations guerrières
de ce jeune Prince, le reçut très gracieufement, & l'affura de la plus tendre
amitié.   Le Roi lut enfuite une Lettre
de la Princeffe de Wirtemberg. Elle le
prioit d'accorder fa protection au Prince fon fils, & de l'aider de fes confeils ;
& laiffoit à fa difpofition de l'envoyer
pour quelque tems à la Cour de Stockholm, fi fa grande jeuneffe ne lui paroiffoit pas encore propre pour les Armes ; ou de le retenir auprès de lui,
pour commencer fes prémières campagnes fous fes yeux. Le Roi qui avoit
conçu de l'amitié pour lui, prit ce dernier parti ; ce qui caufa au Prince une
très grande joie. Sa Majefté écrivit à
ce fujet une Lettre très obligeante à la
Princeffe de Wirtemberg. Il l'y affu-
roit que fon fils lui étoit devenu cher,
& qu'il fe feroit un plaifir de le lui prou-
ver dans toutes fortes d'occafions. Le
Roi donna ordre qu'on fournît un é-
quipage au Prince : il le fit manger à fa
table & loger dans fon quartier, qu'il
trouva fort au deffous de l'idée qu'il
s'en étoit d'abord faite. Mais tel étoit
l'éloignement de Charles XII pour la
molleffe, qu'il prenoit toujours fon
quar-

quartier dans les lieux les moins commodes. Le Prince n'eut pas beaucoup de peine à s'y accoutumer : un long & pénible voyage l'avoit déjà fait à la fatigue ; & il avoit d'ailleurs l'exemple du Roi & du Prince de Gotha, qui n'étoient pas mieux logés que lui. On lui augmenta le nombre de ses domestiques, qui furent entretenus aux dépens du Roi : & comme Sa Majesté se disposoit à entrer en campagne, elle fit présent au Prince de tout ce dont il avoit besoin pour l'y suivre, de plusieurs chevaux fort proprement enharnachés, d'un grand nombre d'armes, de tentes pour lui & pour ses domestiques, & de tout le bagage nécessaire. On trouva tout cela parmi les dépouilles remportées sur l'Ennemi, à la Bataille de Clissau.

Le même jour que le Prince arriva à Okoinou, on vit deux Princes Polonois se venir mettre sous la protection du Roi de Suède, le Prince Sapiéha Maréchal des Armées de Lithuanie, & son frère le Grand-Trésorier. Ils avoient une magnifique suite, composée de Gentilshommes, dont la plupart leur servoient de domestiques. Ces Seigneurs ayant

ayant de très-vifs démêles avec un Gentilhomme Polonois nomme Oginski,
qui étoit soutenu par un fort parti, venoient chercher de l'appui chez le Roi
de Suède, pour tenir tête à leur ennemi. Sa Majesté les ayant reçu comme
ils le pouvoient souhaiter, les assura de
sa bienveillance, & ne négligea pas dans
la suite de la leur témoigner par des effets. Ils suivirent le Roi dans plusieurs
expéditions, & s'attachèrent à lui par
inclination & par reconnoissance. Ces
Princes n'étoient pas moins considérés
par leur esprit & leurs connoissances,
que par leur naissance & leurs richesses,
sur-tout le Grand-Trésorier, avec qui
le Roi prenoit souvent plaisir de s'en-
trétenir en Latin, & de délibérer sur
les Affaires de Pologne. Le Prince
Maximilien eut bientôt fait connoissance avec eux, il lia particulièrement a-
mitié avec le Grand-Trésorier, à qui
ce Prince plût extrêmement. Ils étoient
souvent ensemble ; & comme ils ai-
moient beaucoup la chasse, ils prenoient souvent ce plaisir dans leurs heures de loisir. Le Prince cependant étoit
toujours fort attentif à faire sa cour au
Roi, & à se conserver ses bonnes graces :

ces : il l'accompagnoit d'ordinaire dans les revues qu'il faifoit des Régimens, & dans fes promenades. Ce ne fut pas fans peine qu'il s'accoutuma à fuivre le Roi à cheval, qui quelquefois faifoit de fort longues courfes avec une viteffe extraordinaire. Le Prince au commencement en étoit fort incommodé, il n'en témoigna pourtant rien, & un exercice continuel lui donna en peu de tems affez de forces pour pouvoir fupporter ces fatigues pendant plufieurs jours de fuite. Ceux à qui la conduite du Prince étoit confiée, craignant qu'il ne lui arrivât quelque malheur dans ces courfes qu'il faifoit feul avec le Roi, prièrent Sa Majefté de permettre qu'ils l'accompagnaffent quelquefois. Le Roi leur répondit qu'il vouloit être lui-même Conducteur & Gouverneur du Prince. Outre l'affection du Roi que fon bon naturel lui avoit acquis, il s'étoit attiré l'eftime du Prince de Gotha avec qui il étoit fort uni. Sa douceur & fa politeffe le faifoient chérir des Miniftres d'Etat & des Généraux avec qui il avoit fait connoiffance. Son air & fes manières n'avoient rien de fier ; fa converfation étoit vive, agréable, obligeante ;

te ; & il favoit fi bien s'accommoder
au caractère de chaque perfonne, qu'on
ne pouvoit s'empêcher de l'aimer, comme on le pourra remarquer dans la fuite.

Au commencement d'Avril de cette
année, le refte d'un Régiment Suédois
arriva au quartier du Roi ; il n'étoit
que de 60 hommes. Sa Majefté le paffa en revue accompagné du Prince de
Wirtemberg, qui s'étant informé de ce
qui avoit réduit ce Régiment à un fi
petit nombre de foldats, apprit qu'il
s'étoit trouvé à la Bataille de Cliffau,
& que depuis peu 50 hommes que
l'on en avoit détaché pour efcorter des
malades de l'Armée, avoient été maffacrés près de Lublin par un parti de
1000 Polonois, qui les avoient furpris
dans leur marche.

Le Roi alla enfuite à Varfovie avec
le Prince, pour voir les prifonniers faits
à Cliffau, qui venoient d'y arriver fur
la Viftule avec toute l'artillerie qui a-
voit été enlevée à l'Ennemi. Il donna
ordre que l'on bâtît fur la rivière un
pont, qui fût prêt en peu de jours, a-
près quoi il reprit la route de fon quartier. Il lui arriva en chemin un accident
qui auroit pu avoir de très fâcheufes fui-
tes.

tes. Il montoit le même cheval qui
quelques mois auparavant lui avoit cas-
fé la jambe en tombant. Cet animal pi-
qué vivement s'abbattit dans une ornière, & renverfa le Roi par terre : fon
épée fortit du fourreau, & lui paffa par
un fort grand bonheur entre le bras &
le côté, fans lui faire aucun mal. S'é-
tant d'abord dégagé, il fe releva, remonta à cheval, & continua fa route.
Il ne laiffa pas de s'en reffentir; car le
lendemain il fut attaqué de la fièvre, qui
l'empêcha de fortir pendant quelque
tems.

Cependant les Polonois allarmés des
progrès que faifoit le Roi de Suède,
s'affemblèrent à Marienbourg, pour a-
vifer à ce qu'il étoit à propos de faire
dans le fâcheux état où fe trouvoit la
République. Ils fouhaitoient de faire
avec Charles XII une ferme & durable
Paix. En voici les préliminaires, qu'ils
envoyèrent à Sa Majefté Suédoife.

I. Ils demandoient que les Troupes,
tant Suédoifes que Saxonnes, fortiffent
des Etats de la République.

II. Que la fatisfaction que la Suède
exi-

exigeoit, ne portât point qu'on lui cédât quelque Province du Royaume.

Et III. Que les Maisons d'Oginski & de Sapiéha fussent comprises dans le Traité de Paix.

Ces Propositions ne furent point goûtées par le Roi Charles, qui les renvoya à Marienbourg, après y avoir fait plusieurs restrictions & additions. Les Polonois ne voulurent point aussi souscrire aux nouveaux Articles que Charles XII leur proposoit, ainsi ce Projet de Paix demeura alors sans exécution. Le Roi de Suède ne laissoit pas de solliciter secrettement les Polonois à former une Confédération. Le Cardinal Primat & le Général Lubomirski pouvoient le plus y contribuer par leur grande autorité ; mais ils ne voulurent point s'expliquer là-dessus, sentant combien étoit délicate la conjoncture des Affaires. Ils jugeoient que d'ôter au Roi Auguste la Couronne de Pologne, comme le Roi Charles le demandoit avec instance, ce seroit s'exposer eux-mêmes à de fâcheuses affaires, & peut-être le Royaume à de grands malheurs.

heurs. Ainſi pour ſe tirer d'embarras,
ils uſerent de politique. Ils ſurent adroitement amuſer les deux partis par des
conſeils ſpécieux, & les leurret par de
belles eſpérances, ſans en venir au point
qu'ils ſouhaitoient.

Cependant le Roi de Suède étoit toujours malade, la fièvre ne l'avoit pas
encore quité. Le Prince Maximilién,
rempli d'attentions pour Sa Majeſté, le
voyoit avec beaucoup d'aſſiduité. Comme il avoit une grande paſſion pour les
chevaux, il ne pouvoit s'empêcher de
la faire remarquer. Le Roi qui en étoit
charmé, & qui cherchoit les occaſions
de l'obliger, lui fit préſent pendant ſa
maladie d'un très beau cheval, magnifiquement enharnaché : ce qui peut faire
juger de la tendreſſe qu'il avoit pour ce
Prince.

Le Roi fut bientôt parfaitement rétabli, avec le ſecours de quelques remèdes. Il ſe diſpoſa à commencer l'ouverture de la campagne, & donna à
ſes Géneraux les ordres néceſſaires pour
cela. Il partit le 17 d'Avril d'Okoinou avec les troupes qui y étoient en
quartier, & vint à Praag, qui n'eſt ſéparée de Varſovie que par la Viſtule.

Ces

Ces deux villes étoient comme jointes ensemble, par le moyen d'un pont de communication que l'on avoit bâti sur la rivière. A peine y fut-il arrivé, que l'Envoyé de l'Empereur & ceux d'Angleterre & de Hollande vinrent le trouver, & lui demandèrent une audience secrette, qui leur fut d'abord accordée. Ils firent tout ce qu'ils purent pour le persuader d'entrer dans des vues d'accommodement avec la Pologne, mais inutilement. Ce Prince ne vouloit accéder à aucun Traité de Paix avec la République, quelqu'avantageux qu'il pût être pour lui, s'il ne voyoit auparavant sa vengeance assurée. Rien ne le flatoit plus que l'espoir de voir l'Ennemi qui l'étoit venu attaquer, détrôné, & obligé de signer lui-même sa disgrace. C'est ainsi que Charles portoit ses défauts comme ses vertus au plus haut degré. On a pourtant lieu de s'étonner que ce Prince, qui avoit d'ailleurs tant de générosité, n'eût pas celle de pardonner. Les Envoyés qui l'étoient venus solliciter à faire la Paix, furent donc obligés de s'en retourner à Varsovie sans espérance de le pouvoir fléchir.

Le

Le Roi ayant appris que quelques
troupes Saxonnes s'étoient établies à
Pultausk à quatre milles de Varſovie,
& qu'elles avoient étendu leurs prémières gardes le long du Bug, voulut les
aller reconnoître. Il y alla avec le Prince, & revint ſans qu'il ſe fût rien paſſé.
Deux jours après y étant retourné accompagné de quatre perſonnes, il s'a-
vança juſqu'à la rivière, d'où il pouvoit découvrir le principal quartier des
Ennemis. Il rencontra un Caporal avec
quelques Dragons Saxons, qui dès-qu'ils
l'eurent apperçu, ſe jettèrent dans un
petit bateau pour paſſer le Bug. Ils é-
chappèrent ainſi à l'exception de deux,
qui furent faits priſonniers. Le Roi
leur fit préſent de dix écus à chacun, &
les fit conduire à ſon quartier.

Ce jour-là un Envoyé Pruſſien arriva à l'Armée, ſous le prétexte d'y ſervir en qualité de Volontaire. Il étoit
chargé par le Roi ſon Maitre de quelques Négociations ſecrettes: mais il ne
réuſſit pas mieux qu'un Gentilhomme Polonois, qui avoit été envoyé par
le Roi de Pologne avec de nouvelles
Propoſitions de Paix.

Le Baron de Voit, qui avoit accompagné

pagné le Prince dans son voyage étant
obligé de le quiter pour retourner dans
sa patrie , pria Sa Majesté de mettre
quelqu'un à sa place. Le Roi fit voir
qu'il se connoissoit en mérite. Il plaça
auprès du Prince un Cavalier qui joi-
gnoità une grande expérience du Monde,
un esprit orné de fort belles connoissances. Pour l'emploi de Gouverneur, Sa
Majesté n'en voulut charger d'autre
qu'elle-même.

Le Roi cependant résolu de marcher
à l'Ennemi, commanda au Général Steinbock d'aller avec quelques troupes
construire un pont sur le Bug pour le
passage de l'Armée. Sa Majesté & Son
Altesse ne tardèrent pas à le suivre avec
une partie de la Cavalerie & de l'Infanterie, & laissèrent en arrière leur suite
& leur bagage. Lorsqu'ils furent arrivés sur le bord du Bug, ils apperçurent
les Saxons, qui se mettoient en devoir
de les empêcher de bâtir un pont sur la
rivière: mais quelques pièces de campagne que l'on pointa contr'eux, leur
firent bientôt abandonner la place. En
même tems 1500 hommes se mirent sur
des radeaux, pour s'aller poster de l'autre côté de la rivière. Le Roi les y

B   sui-

suivit à la nage avec le Prince, pour aller fondre sur l'Ennemi; qui cherchant son salut dans la fuite, se retira bien vite dans Pultausk.

Aussi-tôt que le pont fut achevé, la Cavalerie passa la rivière, & le Roi s'avança vers Pultausk. Les Saxons s'y croyoient en sûreté, parce qu'elle est environnée d'eau des deux côtés du Nareu qui coule de l'Orient au Couchant, & d'une petite rivière qui vient se décharger dans le Nareu tout près de la ville. L'Ennemi connoissant la profondeur de l'eau, étoit fort tranquille sur la tentative que le Roi de Suède pouvoit faire de la passer: mais il n'y avoit rien de si difficile, que le courage de ce Prince n'entreprît de surmonter. A force de chercher, il trouva près d'un moulin un endroit de la rivière qui étoit presque guéable. Le Roi & le Prince furent des prémiers à le traverser à la nage. Ils furent suivis du Corps de la Cavalerie, qui passa heureusement, excepté un seul homme qui se noya. Ils défilèrent ensuite sans bruit dans un bois voisin, où ayant surpris quelques Ennemis, ils en prirent une partie, & mirent en fuite les autres. Ceux-ci ayant

porté

porté l'allarme dans la ville, découvrirent l'approche secrette des troupes Suédoises. Cependant ce qui avoit d'abord paru rompre les mesures que Charles avoit prises de s'emparer de la ville par surprise, servit à l'en rendre maitre en un moment. Car le Feld-Maréchal Steinau qui y commandoit, ayant envoyé quelque Cavalerie pour reconnoître l'Armée de Charles, un détachement Suédois la surprit & la serra de si près, qu'étant entré dans la ville avec les Saxons, il se rendit maitre de la porte. L'épouvante s'étant répandue parmi les troupes qui gardoient la ville, elles lâchèrent bientôt le pié, & se retirèrent en desordre du côté du Nareu pour le passer sur un pont : mais les Suédois les pressèrent si vivement, qu'il y en eut plusieurs de précipités dans la rivière & de noyés. Le Prince fut un des prémiers qui entra dans la ville, & pendant que les Soldats couroient çà & là, il rencontra un Dragon Saxon, qui surpris de sa jeunesse lui dit d'un ton railleur : *Quoi, mon Enfant, voulez-vous aussi faire le brave ?* Le Prince pour toute réponse, lui enfonça son épée dans le corps. Il trouva pourtant plus de résistance qu'il ne pensoit. Le Dragon lui porta trois coups d'épée, dont l'un perça une de ses bottes, & les deux autres son habit sans lui faire de mal.

Cependant le Roi avec un Corps de 500 hommes étoit à la poursuite des Ennemis. Il fit quelques prisonniers, & ne pouvant atteindre le reste des troupes Saxonnes, il revint à Pultausk. On peut remarquer en passant, que cette ville fut le prémier endroit où le Prince Maximilien donna des marques de sa bravoure, & Pultowa le dernier. Il y eut dans cette action du côté des Saxons 100 hommes de tués ou noyés, 600 prisonniers, & parmi eux quelques Officiers de marque, le Lieutenant-Général Baist, le Colonel St. Paul, & trois Majors. On leur prit de plus environ 1000 chevaux, presque tout le bagage & deux timbales. Le Général Steinau s'échappa par un Coüvent de Jésuites. Pour les Suédois, ils ne perdirent dans cette occasion que quelques hommes.

Il arriva encore ce jour-là au Prince une avanture singulière. Il revenoit accablé de fatigue de la poursuite de l'Ennemi. Après avoir passé la rivière, il s'endormit à cheval, se sépara de la Compagnie, & s'égara pendant une partie de la nuit. Il arriva enfin à une garde avancée des Saxons. La demande d'une sentinelle l'ayant réveillé, il s'apperçut bientôt de sa méprise, & répondit comme s'il eût été Saxon. S'étant retiré au plus vite pour chercher sa Compagnie, il la rejoignit quelques heures après.

Cependant la Diète que le Primat avoit convoquée à Varsovie, prit fin. Elle ne satisfit ni le Roi Charles, ni le Roi Auguste : le prémier, parce qu'elle n'avoit pu se résoudre à détrôner son Roi : & l'autre, parce qu'elle ne s'étoit assemblée que pour complaire au Roi de Suède son ennemi. Celui-ci témoigna à la République les sujets de plainte qu'il croyoit avoir contr'elle, & la menaça de ne sortir de la Pologne qu'après la conclusion d'une Paix sure, qui ne tenoit qu'à la condition de détrôner le Roi Auguste. Mais le Primat fit représenter au Roi de Suède, que pour en venir-là il falloit suivant les loix du Royaume convoquer auparavant une Diète générale, qui ne pouvoit s'assembler qu'après la tenue des

Diè-

Diètes particulières de chaque Palatinat,
& l'envoi de leurs Nonces à la Diète
générale; & qu'enfin il falloit publier
un interrègne. Comme la République
étoit alors déchirée par de cruelles divi-
sions, il paroissoit impossible de convoquer une Diète générale dans ces
circonstances. Le Primat cependant continua ainsi à bercer le Roi Charles de
vaines espérances, pour traîner l'affaire
en longueur.

Le Roi de Suède auroit fort souhaité de venir à bout de son dessein sans le
secours du Primat, mais il étoit impossible de rien faire sans lui. Ce Prélat
est Primat du Royaume en qualité
d'Archevêque de Gnesne, la prémière
personne après le Roi dans le Sénat de
Pologne, & le Régent de la République pendant l'interrègne. Son pouvoir
n'est guères moins grand que celui du
Roi. Lorsqu'il se rend chez le Roi
ou à la Diète, on porte devant lui une
croix d'or; & dans les assemblées où
se trouve le Roi, il a le privilège de
s'asseoir, & d'avoir derrière lui son Au-
mônier debout qui tient sa croix. Il
a un Maréchal, qui est Sénateur du
Royaume. Quand il va à la Cour, le
Roi

Roi le reçoit dans l'antichambre. Il ne rend visite à personne, pas même aux Ministres & aux Ambassadeurs étrangers, sinon au Nonce du Pape. Les Polonois ont donné cette grande autorité à ce Prélat, parce qu'ils ne la vouloient pas confier à un Séculier, crainte qu'il n'eût l'ambition de se faire Roi.

Le Primat qui se voyoit vivement pressé par le Roi de Suède, prétexta une maladie pour se décharger de l'administration des affaires du Royaume. L'Archevêque de Léopold prit sa place. Ce Prélat, qui est assis dans le Sénat à la gauche du Roi, est après le Primat la personne la plus considérée du Royaume. Celui-ci, après avoir bien mûrement examiné l'état des affaires, l'envisagea d'un tout autre œil. Il jugea que sans violer les loix du Royaume, il étoit permis en certains cas à la République de détrôner son Roi.

Les bagages étant enfin arrivés à Pultausk, où étoit le Roi de Suède, le Prince se hâta d'en profiter. Il avoit été deux fois dans l'eau, & fait plusieurs courses sans changer d'habit : il fut impossible de lui ôter ses bottes sans les couper ; & ses jambes s'étoient si

fort

fort enflées & tournées en dedans, que
ce ne fut que peu à peu qu'elles reprirent leur prémière situation.

Le Roi partit ensuite avec quelques
troupes dans le dessein d'aller investir
Thorn, place importante située sur la
Vistule ; le reste de l'Armée suivoit a-
vec les bagages, & joignit le Roi au
bout de quelques jours. Ce Prince
toujours actif & infatigable, ne cessoit
d'aller d'un Régiment à l'autre pour
leur donner des ordres. Le Prince
Maximilien qui l'accompagnoit par-tout,
se trouva plusieurs fois exposé à de grands
dangers. Il eut un jour le malheur de
tomber quatre fois : il montoit un cheval extrêmement fougueux, qui ayant
enfin rompu sa bride, prit le mord aux
dents, & courut à travers des buissons
pendant quelques momens. Le Prince
cependant ne perdit pas les étriers, &
trouva moyen de l'arrêter en se saisissant
des branches de la bride. Il n'eut heureusement qu'une légère meurtrissure de
cet accident, qui fût l'avantcoureur
d'un autre plus fâcheux. Comme il
revenoit le lendemain fort tard avec le
Roi, il voulut devancer Sa Majesté.
L'obscurité étant fort grande, il ne put
ap-

appercevoir une fosse où il tomba. Le
Roi qui le suivoit au galop y tomba
aussi, & malheureusement sur le Prince,
qui en perdit d'abord l'haleine & la
voix. Il reprit pourtant bientôt ses es-
prits, après que le Roi se fût tiré de
cette fosse, & l'eût aidé à en sortir;
mais il ne recouvra la voix que douze heures après. De retour au quartier, le Roi témoigna beaucoup d'inquietude de l'accident arrivé au Prince,
il le conduisit lui-même dans sa tente,
lui fit donner quelques remèdes, & ne
le quita que pour lui laisser prendre
du repos. Le lendemain matin l'é-
tant allé voir, il le trouva beaucoup
mieux. Il eut pour lui mille soins o-
bligeans jusqu'à son entier rétablissement.

. La plupart des Gentilshommes du
canton où l'Armée Suédoise étoit cam-
pée, se mutinèrent contre ceux qui y
levoient des contributions: il y en eut
même un assez hardi pour déchirer
l'ordre du Roi de Suède, qui pour
l'en punir fit d'abord mettre le feu à
sa maison, & la réduisit en cendres.

Le Roi partit ensuite pour Ploczko,
ville située sur la Vistule dans la gran-

de Pologne, capitale du Palatinat dont
elle porte le nom. Elle n'eſt conſidérable que par la réſidence d'un Evêque
& d'un Vaivode. Elle a deux Couvens
de Bénédictins & de Dominicains,
& un de Nones. Les Jéſuites y ont un
très beau Collège. Les Nones s'étoient
fait une ſi horrible idée des Suédois,
que lorſqu'ils y arrivèrent quatre d'entr'elles en moururent de frayeur. Le
Roi ſelon ſa coutume ne voulut pas
prendre ſon quartier dans la ville, il
en laiſſa les commodités à d'autres, &
alla camper avec ſa Cour à une mille au-
delà près d'un village. Après s'y être
repoſé deux jours, il continua ſa marche. Elle fut troublée à la queue de
l'arrière - garde par un Corps de troupes ennemies, compoſé de Valaches &
de Coſaques. Ils ſe jettèrent ſur le bagage, en enlevèrent quelques chariots,
& emmenèrent quelques chevaux de
main après avoir tué ceux qui les con-
duiſoient. Auſſi-tôt que le Roi l'eut
appris, il retourna ſur ſes pas avec deux
Régimens pour s'en venger. Il rencontra chemin faiſant un Coſaque, qui a-
yant été arrêté, lui dit que cette hoſti-
lité avoit été commiſe par un parti que
quel-

quelques Gentilshommes voisins favori-
soient, pour profiter d'une partie des
dépouilles qu'il remportoit. Le Roi
donna ordre qu'on mît le feu à leurs
maisons & à leurs métairies, & l'on vit
en peu d'heures cinq villages entiers
réduits en cendres. Après quoi, continuant sa route, il vint camper dans un
endroit marécageux, rempli de fort gros-
ses tortues. Il ne s'y arrêta pas longtems, & passa le lendemain par une petite ville, qui n'étoit alors habitée que
par des femmes. Elles vinrent se jetter
aux pieds du Roi & implorer sa protection, & lui apprirent que les Saxons
avoient obligé leurs maris à aller travailler aux fortifications de Thorn, &
qu'ils les avoient laissées dans la dernière
misère. Le Roi les assura qu'il ne leur
seroit fait aucun mal. Il ordonna ensuite
au Général Steinbock d'aller jetter un
pont sur le Dribents, qui coule près de
là. Lorsqu'il fut prêt, il le passa avec
son Corps de troupes, & s'approcha
de Thorn, pendant que le reste de l'Armée venoit par eau avec de l'artillerie.
Le but du Roi en assiégeant cette place, étoit de se procurer une communication avec Dantzig par la Vistule, d'ê-

tre

tre plus à portée de se joindre aux Confédérés de la grande Pologne, & de faire prisonnière de guerre l'élite de l'Infanterie Saxonne qui gardoit cette ville. Dès-qu'il fut arrivé, il fit faire une salve de deux pièces. Les Saxons y répondirent par une décharge de trois canons, & mirent en même tems le feu aux fauxbourgs de la ville, dans l'un desquels il y avoit une magnifique Eglise Luthérienne. Lorsque le Roi apperçut la fumée, il s'approcha de la ville, accompagné du Prince & de trente Cavaliers, & rencontra un Escadron Saxon qu'il ne voulut pas attaquer, & qui craignant d'en venir aux mains avec les Suédois, se retira tranquillement dans les postes qu'il occupoit. Le Roi s'étant avancé jusqu'au glacis de la contrescarpe, plaça quelques gardes autour de la ville, & après l'arrivée du reste de ses troupes il acheva de l'investir.

Peu de jours après avoir campé on célébra dans l'Armée un grand Jour de jeûne & de prières, suivant la coutume que le Roi y avoit établie.

Il en faisoit célébrer quatre dans l'année, un à l'ouverture de la campagne, un autre le second mois, & ainsi des au-

autres, fans compter ceux qu'il célé-
broit en particulier dans de certaines circonftances.

C'eft ainfi que ce Prince favoit alors
concilier les devoirs d'un Chrétien avec
les qualités d'un Guerrier. Ce que l'on
doit fur-tout remarquer dans la dévotion
de ce Prince, c'eft que dans ces jours
d'humiliation, il ne mangeoit jamais a-
vant fix heures du foir, quoique la
plupart ne fuffent pas fort exacts à l'i-
miter. Son exemple cependant produi-
foit cet effet, que ceux qui n'étoient
pas dans ce goût de dévotion, man-
geoient à fon infu, de peur d'encourir
fon indignation.

Après avoir bloqué la ville tant de
ce côté de la Viftule que de l'autre, il
en différa le fiège jufqu'à l'arrivée de
l'artillerie & des munitions, qu'il faifoit venir de Suède, & qui devoient
dans peu paffer par Dantzig. Pendant
ce tems-là, l'artillerie des Ennemis tiroit très fouvent dans le camp. Ils a-
voient pointé contre le quartier du Roi
trois batteries, qui foir & matin faifoient un feu terrible. Quelques boulets
paffoient fort près de la tente du Roi;
d'autres la perçoient fans que jamais au-

cun

cun le touchât; il y en eut un au commencement dont le Général Lieven eut
la jambe emportée, & en mourut peu
de tems après. Ce boulet paſſa au
deſſus des deux Princes qui étoient couchés ſur l'herbe l'un près de l'autre, &
vint atteindre le Général qui étoit debout à quelques pas d'eux. Un fois que
le Roi ſortoit avec les deux Princes de
la tente où il mangeoit, un boulet paſſa au milieu d'eux, alla donner dans la
tente où couchoit Sa Majeſté, & s'arrêta dans le mur qu'il ne put percer,
parce qu'il étoit fort humide. Le lendemain matin, l'Ennemi ayant recommen-
cé à tirer, il partit un boulet qui paſſa
au deſſus de l'écurie du Prince, un autre donna dans la tente de ſon Gentilhomme, & en ayant rompu les perches
la fit tomber ſur lui, perça enſuite la
tente du Prince qu'il traverſa après a-
voir paſſé ſous le lit où il étoit couché,
& s'alla perdre dans le plâtre humide
de la chambre où couchoit le Roi. Une
autre fois on tira pluſieurs coups contre
la tente du Prince qui la percèrent en
divers endroits, un boulet renverſa une
chaiſe ſur laquelle il avoit coutume de
s'aſſeoir, de ſorte que s'il étoit reſté un

quart-d'heure plutôt, il auroit couru un
très grand danger. Comme le péril augmentoit tous les jours, on pensa à mettre la vie du Roi en sureté: on tâcha
de le persuader à changer de quartier,
ou du moins à mettre sa tente à l'a-
bri du feu de la batterie ennemie par
quelque petit retranchement : mais le
Roi qui ne connoiffoit point de danger,
n'y voulut pas confentir ; il regardoit
ces précautions comme des marques d'u-
ne ame timide ; il permit pourtant à fes
gardes dont on avoit tué plufieurs chevaux, de jetter devant l'endroit où ils
étoient campés , un monceau de foin,
qui en rompant la force des boulets pût
les en garantir.   On ne laiffa pas dans la
fuite en l'abfence du Roi ,, d'en faire
autant devant fa tente , de même que
devant celle du Prince. Lorfque le Roi
fut de retour, il ordonna d'un air fâ-
ché, que l'on ôtât inceffamment ce que
l'on avoit mis devant fa tente ; mais le
Prince ne jugea pas à propos de l'imiter
à cet-égard.   Quoique le Roi fût continuellement expofé au feu des Ennemis
qui en vouloient à fa perfonne, il eut
le bonheur de n'en être jamais bleffé.
Quand il alloit vifiter les poftes , les
boul-

boulets qui partoient de la ville ne l'in-commodoient que par la poussière qu'ils excitoient : il les voyoit venir sans la moindre émotion , espérant d'en faire bientôt autant à l'Ennemi , quand il au-roit reçu de l'artillerie. Pour en hâter l'arrivée , il avoit envoyé à Dantzig le Général Steinbock, qui à cette occasion exigea de la ville plusieurs choses en fa-veur du Roi son Maitre.

Il demanda 1. Qu'elle accordât le passa-ge aux Vaisseaux Suédois. 2. Qu'elle fournît au Roi de Suède des canons , des mortiers , & des munitions. 3. Qu'-elle luï payât le tribut qu'elle payoit an-nuellement au Roi de Pologne. 4. Qu'-elle s'acquitât d'une vieille dette de 400000 écus qu'elle avoit contractée avec la Suède. 5. Qu'elle prît garnison Suédoi-se dans sa citadelle , qui est située sur l'embouchure de la Vistule. 6. Qu'elle rendît les canons qu'elle avoit pris à Charles-Gustave grand-père du Roi. 7. Qu'elle indiquât tous les biens qui étoient dans Dantzig appartenans à des Etran-gers. De tous ces articles les Dantzi-kois ne voulurent accorder que celui qui concernoit le passage des Vaisseaux Sué-dois. Le Roi ayant fait de-même plu-
sieurs

fieurs demandes à la ville d'Elbing , il
en reçut auffi un refus, qu'elle paya bien
cher dans la fuite. Quoique les Dantzikois n'euffent pas voulu confentir aux
prétentions de Charles XII , le Roi de
Pologne ne laiffa pas d'exiger d'eux
qu'ils lui payaffent une contribution extraordinaire pour les fraix de la guerre,
qu'ils lui fourniffent de l'artillerie &
4000 hommes de troupes pour aller au
fecours de la ville de Thorn , qu'ils ar-
rêtaffent les Vaiffeaux Suédois , & qu'-
ils fe déclaraffent ennemis du Roi de
Suède. Il leur fit infinuer que s'ils
trouvoient leur garnifon trop affoiblie
par l'envoi des 4000 hommes à Thorn,
ils pouvoient fe mettre fous la protection du Roi de Pruffe. Mais ces propofitions furent auffi peu goutées que celles des Suédois. Avec quelque opiniâtreté qu'ils foutinffent le refus fait au
Général Steinbock , ils changèrent bien
de langage , lorfqu'après l'arrivée des
Vaiffeaux Suédois qui portoient un renfort de troupes , ce Général fe faifit de
quelques-uns des leurs , laiffa dans la
ville quelques Régimens Suédois , &
en partit fans prendre congé d'eux avec
le refte des troupes. Les Dantzikois,
crai-

craignant alors le reſſentiment de Charles XII, lui envoyèrent quelques Députés pour traiter des contributions &
des autres articles qu'il exigeoit d'eux.
Ils ne purent en avoir audience pendant
pluſieurs ſemaines, cependant on convint à la fin, & ils furent forcés de payer ce qu'ils avoient d'abord refuſé avec
tant de fermeté. Il leur en revint pourtant une bonne partie, par les achats que
l'on fit chez eux pour l'entretien de
l'Armée. Cependant le Roi Auguſte
étoit allé à Varſovie pour y indiquer u-
ne Diète, qui ſe devoit tenir à Lublin.
Il ne tarda pas à s'y rendre en perſonne, pour donner plus de poids à ce
qu'il avoit à lui propoſer. Auſſi-tôt
que la Diète fut aſſemblée, où les E-
tats de la grande Pologne n'oſèrent ſe
trouver, parce qu'ils paſſoient pour fa-
voriſer les Suédois, elle élut ſelon ſa
coutume un Maréchal, & la pluralité
des voix tomba ſur Wieſnowisky pour
remplir cette place. Ce Seigneur eſt iſ-
ſu des anciens Princes Souverains de Lithuanie & de Ruſſie, & en a conſervé
le titre de Prince. On peut aiſément
juger de la différence qu'il y a entre un
tel Prince Polonois, & un Prince élevé
à

à cette dignité par l'Empereur ou par le Roi de Pologne. Le Maréchal de la Diète est le Directeur des Nonces ou des Députés de chaque Province. Il en recueille les avis, & les propose en leur nom au Sénat, qui est composé de 2 Archevêques, 13 Evêques, 33 Vaivodes ou Palatins, & de 84 Castelans. On l'appelle Maréchal des Nonces, pour le distinguer du Maréchal du Royaume & de celui de Lithuanie, qui sont du nombre des Sénateurs.

Après de longs débats sur les intérêts de la République, il fut arrêté dans cette Diète, que l'on enverroit une Ambassade au Roi de Suède, pour lui demander s'il étoit dans le dessein de faire la paix ou s'il vouloit continuer la guerre, & que cependant on se tiendroit toujours sur la défensive. On y consentit, ensuite le Roi Auguste se rendit en Saxe : car on sait qu'il est défendu au Roi de Pologne de sortir du Royaume & d'en demeurer absent au-delà d'un terme limité, sans l'approbation des Etats.

Pendant ce tems-là les Saxons commençoient à s'inquieter à Thorn, le Roi de Suède la tenoit fortement bloquée,

quée, & lui avoit coupé toutes les four-
ces. Ils lui écrivirent une Lettre,
qu'ils attachèrent au col d'un chien, & le
lâchèrent ensuite dans le camp des Suédois.
Cette Lettre étoit remplie de railleries &
d'invectives. ,, Ils invitoient les Suédois
par un défi insultant, à sortir, *disoient-ils*,
,, de derrière leur fumier, pour faire
,, montre de leur bravoure ". On se
contenta de leur répondre, qu'on ne tar-
deroit pas longtems à les satisfaire.

Durant le blocus de cette place on
célébra le jour de naissance du Roi par
une Prière & un Sermon. Le Ministre, après avoir fait des vœux pour Sa
Majesté, la conjura de ne plus exposer
si facilement une vie qui étoit si précieu-
se à ses peuples. On but ensuite à la santé du Roi, qui ne sortit point de sa
sobriété ordinaire : il ne but que de la
bière, qui étoit sa boisson ordinaire ; a-
près cela il monta à cheval, & fut s'exposer
au feu de l'Ennemi, en faisant la visite des
gardes. Il prenoit plaisir quelquefois à
s'approcher des prémiers postes des Saxons, non seulement de jour, mais aussi
de nuit. Un soir étant descendu de cheval, il se hazarda à la faveur de l'obscurité d'aller à pied avec le Prince au-delà

de

de quelques gardes Saxones. Le lendemain le Roi y étant retourné, ordonna au
Prince & au Général Mayerfeld qui l'ac-
compagnoient, de marcher à la diſtance
de vingt pas l'un de l'autre, en s'approchant
des poſtes ennemis. Cela fit que le Prince
perdit le Roi dans l'obſcurité: il continua à
s'avancer, & croyant appercevoir une
ſentinelle il ſe retira derrière un buiſſon,
prit ſon piſtolet dans le deſſein de tirer;
mais n'étant pas ſûr que ce fût un enne-
nemi, il demanda *Qui va là?* Comme
on ne lui répondit rien, il retourna ſur
ſes pas pour chercher le Roi qu'il ne
trouva pas; mais il rencontra le Général Mayerfeld avec qui il rentra dans le
camp. Le Roi étant revenu un moment après, prit plaiſir à ſe faire raconter pluſieurs fois la rencontre qu'avoit
eu le Prince, à qui il demanda pour-
quoi il n'avoit pas fait feu. Il lui répondit, qu'il ne ſavoit pas ſi celui qu'il
avoit rencontré étoit Saxon ou Suédois.
On conjectura que c'étoit le Roi lui-
même, qui avoit voulu par-là éprouver le Prince. C'eſt de cette façon que
les Princes s'amuſoient, en attendant
qu'ils puſſent aſſiéger la place.

D'autre part les Envoyés d'Angleterre & de Hollande qui étoient à Varſovie

vie, travailloient fortement à l'ouvrage
de la paix. Ils en dreſſèrent un nouveau projet, qu'ils envoyèrent par leurs
Sécretaires au Roi de Suède ; mais il
n'eut pas plus de ſuccès que les précé-
dens, parce que l'article du détrônement n'y étoit pas compris : c'étoit-là
le ſeul moyen propre à conclure la
paix avec la République, mais elle n'y
pouvoit conſentir ſous une telle condition. Elle fit repréſenter au Roi
Charles, que comme elle n'avoit eu aucune part à la guerre que le Roi Auguſte avoit portée dans ſes Etats, elle
eſpéroit qu'il ne la forceroit pas à faire
deſcendre du trône un Prince qu'elle
y avoit élevé.

Cependant un parti conſidérable de
Polonois & de Coſaques tâchoit d'inquieter les Suédois, ils les harceloient
tous les jours & leur enlevoient des
convois : ils étoient ſecondés par l'Armée de la Couronne & celle de Lithuanie, qui commit toutes ſortes d'hoſti-
lités contre les troupes Suédoiſes, de
même que contre les Confédérés de la
grande Pologne. Le Général Renſchild
reçut ordre de Charles d'aller couvrir
ceux-ci avec un Corps de troupes, qui
arrêta bientôt les deſordres que commet-

toient les Polonois du parti contraire.

Il y avoit environ cinq mois que Thorn étoit inveſtie, & la famine commençoit à y règner, lorsqu'une partie des recrues arriva, que le Roi faiſoit venir avec de l'artillerie & des munitions : le reſte des troupes qui ſuivoit ſous la conduite du Général Steinbock, joignit auſſi l'Armée quelques jours après.

Auſſi-tôt on prépara les batteries, & en peu d'heures tout fut prêt pour commencer le ſiège. Le Roi de Pologne & les Dantzikois firent tout ce qu'ils purent pour l'empêcher. Auguſte fit écrire au Comte Piper, qu'il étoit diſpoſé à céder Thorn au Roi Charles, pourvu qu'il accordât à la garniſon la liberté de ſe retirer, & la ville de Dantzig lui offrit 300000 écus pour ſauver cette place du ſiège & du bombardement ; mais le Roi de Suède en étoit venu trop loin pour ſe déſiſter de ſon entrepriſe. Ce qui engageoit les Dantzikois, à s'intéreſſer ſi vivement à la conſervation de Thorn, étoit l'avantage conſidérable que leur procuroit le commerce qu'ils avoient avec cette ville. On apprit au camp Suédois qu'un des Commandans de Thorn avoit voulu

lu

lu livrer la ville , & qu'à ce sujet il s'étoit brouillé avec son collègue , qui avoit découvert sa perfidie. Peu de tems après quelques déserteurs rapportèrent que ces deux Commandans s'étoient battus en duel.

Ce fut le 19 Septembre que le Roi de Suède ouvrit la tranchée devant la place , il conduisit lui-même 800 hommes d'Infanterie pour couvrir les travailleurs : ils chargèrent les prémières gardes Saxones , les chassèrent de leurs postes & s'y logèrent. Le feu des batteries qui étoit continuel , fit en moins d'une heure un si grand fracas dans la ville , qu'il embrasa plusieurs quartiers', sur-tout la Maison de ville qui étoit un magnifique bâtiment , & toute une rangée de belles maisons qui bordoient le Marché , où le Roi de Pologne avoit accoutumé de loger. On continua encore quelques jours à canonner & bombarder la place , & on lui donna ensuite quelque répit. Cependant les travaux avançoient tous les jours , & furent poussés si loin que les Assiégés , qui n'avoient point remporté d'avantage dans les différentes sorties qu'ils avoient faites, en vinrent bientôt à composition. Ils envoyèrent au Roi quelques Tambours,

bours, chargés des Articles de la Capitulation. Charles reçut aussi des Lettres d'Auguste, qui lui écrivoit lui-
même. Il lui offroit la reddition de la
ville, à condition qu'il accordât à la
garnison une libre retraite. Mais Charles qui vouloit que la ville se rendît à
discrétion, rejetta cette proposition, &
continua le siège avec plus de vigueur
que jamais. La désolation causée par
le bombardement étoit extrême dans la
ville ; la misère & la famine y répandoient les maladies & la mort ; la plus
grande partie de la garnison exténuée de
faim, ne pouvoit plus agir pour se défendre ; & les bourgeois au désespoir de
voir consumer par le feu leur belle ville & leurs biens, se seroient rendus, s'ils
avoient été leurs maîtres. Le Roi de
Suède & le Prince Maximilien étoient
continuellement occupés à pousser le
siège, ils se rendoient toutes les nuits
à la tranchée, & ne se retiroient dans
leurs tentes qu'à la pointe du jour pour
prendre un peu de repos, & après dîné
ils alloient visiter les Régimens & animer les travailleurs.

Comme ils s'exposoient au feu de
l'artillerie de la ville, ils coururent plu-

C   sieurs

sieurs fois risque de la vie. Au commencement du siège, le Roi étant en
plein jour à la tranchée y monta si
haut que la moitié de son corps étoit
à découvert, il avoit le bras appuyé
sur une fascine, & sa tête reposoit sur
sa main. Pendant qu'il étoit dans cette
attitude, un boulet vint donner contre
la fascine sur laquelle il s'appuyoit,
& l'emporta sans le toucher. Une autre fois un boulet étant tombé près du
Prince brisa une brique, dont un éclat
lui atteignit le pied, mais sans lui faire
de mal. Ces accidens n'empêchoient
pas le Roi de retourner tous les jours
aux mêmes endroits où le Prince avoit
souvent seul la permission de l'accompagner. J'omets pour abréger plusieurs
autres particularités de ce siège, qui
finit enfin le 13 Octobre par la reddition de la place. Toute la garnison fut
faite prisonnière de guerre, elle consistoit en 2499 Soldats malades, 1583 en
santé, 91 Officiers, 2 Généraux, 2
Colonels, 6 Lieutenans-Colonels, 9
Majors, 46 Capitaines, 13 Lieutenans,
& autant d'Enseignes. Le Roi de
Suède se vit maître de cette ville après
un blocus de 5 mois & 25 jours de
tran-

tranchée ouverte. Il y mit plusieurs Régimens de ses troupes, après avoir ordonné une salve de l'artillerie Suédoise de dessus les ramparts de la ville. Il accorda ensuite au Colonel Goltz, un des prisonniers de guerre, la permission d'aller à Varsovie, pour faire rapport au Roi Auguste de la reddition de la place. La mauvaise nouvelle qu'il avoit à lui annoncer ne lui en promettoit pas un accueil fort gracieux, aussi témoigna-t-il à son retour qu'il en avoit été très mal reçu.

Cependant Charles XII fit raser tous les nouveaux ouvrages de cette place, il fit sauter les tours qui étoient entre les murailles & les portes, & d'où pendant le siège les Saxons avoient fort incommodé ses troupes par le feu de la mousquetterie. Il exigea ensuite une forte contribution de la ville, à qui il conserva ses murailles, sur la représentation que le Clergé lui fit des incursions auxquelles elle étoit exposée de la part des Polonois Catholiques.

Voyons à présent quelles étoient les dispositions des Polonois pour la paix, & quels arrangemens la plupart prirent pour se la procurer. Les Confédérés de la grande Pologne envoyèrent des Députés au Roi de Suède pour lui offrir leur amitié & leurs services. Ils furent très bien reçus de Sa Majesté, qui les assura de sa protection, & leur promit de les secourir de toutes ses forces en cas de nécessité. Ce qui les avoit portés à former une Confédération, étoit 1. La duplicité du Primat, qui n'étoit pas porté pour le Roi Auguste, & qui cependant n'aimoit pas le Roi de Suède. 2. Les contributions que les Saxons leur avoient extorqué, & dont le Roi de Pologne ne leur avoit point donné de satisfaction. 3. Les incommodités que leur causoient dans la grande Pologne 8000 Saxons qu'ils avoient depuis longtems sur les bras, & à qui Auguste n'avoit point envoyé d'ordre de se retirer. Toutes ces raisons avoient engagé les Confédérés à embrasser le parti du Roi de Suède, espérant qu'il leur fourniroit des troupes pour les aider à chasser les Saxons de leur Province. Comme ils consentoient alors au détrônement de leur Roi, & qu'ils avoient été déclarés ennemis de la République dans la Diète qui s'étoit tenue à Lublin, ils pouvoient être regardés du

Roi

Roi de Suède comme amis & en être
protegés : auffi le Général Renſchild a-
voit eu ordre, comme nous l'avons dit,
de s'avancer vers la grande Pologne,
pour les couvrir avec un Corps de troupes Suédoiſes. Le nombre des Confédérés qui avoient armé leurs Sujets pour
ſoutenir la cauſe du Roi de Suède,
n'étoit pas au commencement fort conſidérable; mais leur parti ſe fortifia peu
à peu de pluſieurs Seigneurs Polonois
fort riches & puiſſans, & de ceux de
la Pruſſe Polonoiſe, qui firent demander par des Députés au Roi Charles la
permiſſion d'entrer dans la Confédération. Les Confédérés s'aſſemblèrent
enſuite à Plozkau, & y élurent un Maréchal de la Diète. Après avoir pro-
teſté ſolemnellement contre la réſolution
priſe à la Diète de Lublin, ils déclarèrent qu'ils n'avoient d'autre vue que de
maintenir la Religion, de ménager une
bonne paix entre le Roi de Suède & la
République, & de rétablir la tranquillité dans tout le Royaume.

Cependant les Envoyés des Puiſſances étrangères travailloient toujours à la
paix avec beaucoup d'application. Ceux
d'Angleterre & de Hollande ſe rendirent

C 3 dans

dans cette vue, avec un Député de la
République, auprès de Charles XII,
d'abord après la reddition de Thorn,
éspérant qu'il accepteroit enfin les der-
nieres propositions de Paix : mais tant
que la pierre d'achoppement subsistoit,
& que les Envoyés ne jugeoient pas
possible d'ôter, ils n'avoient pas lieu
d'espérer le moindre succès de leurs
soins. On s'y prit de toutes manières
pour adoucir le Roi de Suède, & pour
le faire désister de sa prétention. On
lui rendit les prisonniers Suédois, On
lui vanta la générosité du Roi Auguste, l'humanité & la bonté avec laquelle
il avoit traité les prisonniers, & on
lui fit de magnifiques promesses. Charles XII se contenta de répondre qu'il
auroit pour les prisonniers Saxons les
mêmes égards qu'Auguste avoit eu pour
ceux de Suède, & persista cependant dans
son dessein.

Pendant ce tems-là, le Prince de
Wirtemberg étoit à Thorn, occupé à
en visiter les Bibliothèques, les Egli-
ses, les Collèges, & tout ce qu'il y
avoit de remarquable, que la désolation
de la guerre avoit épargné. Quoiqu'il
prît plaisir à voir quantité de choses di-
gnes

gnes de sa curiosité & de son goût, ce
plaisir cependant étoit fort au dessous
de celui qu'il trouvoit dans une bataill-
le ou à un siège. Son ambition lui faisoit souhaiter de servir le Roi de Suède sous quelque caractère, & de s'élever ensuite aux plus hautes dignités de la
Guerre. Il croyoit avoir donné au dernier siège des marques suffisantes de son
courage pour mériter quelque emploi.
Quelques personnes bien intentionées
pour ce Prince, & qui avoient été témoins de sa bravoure, recherchoient les
occasions de le louer devant le Roi,
pour le porter à lui accorder ce qu'il
demandoit. Mais le Roi qui l'aimoit
extrêmement, ne put se résoudre à lui
donner de caractère dans ses troupes. Il
pensoit que le Prince n'étant attaché à
aucun emploi, pouvoit voir plus facilement toutes les opérations d'une campagne, & acquérir plus vite par ce moy-
yen les qualités d'un habile Général.

Comme le froid commençoit à se
faire sentir dans le camp Suédois, Charles XII envoya en quartier d'hiver les
Régimens d'Infanterie qui étoient mal
habillés ; les autres pour se garantir du

froid,

froid, se creusèrent des cazernes en terre
& se firent des cheminées. Pour le Roi,
il resta comme auparavant dans sa tente
d'été jusqu'au 21 Novembre, exposé
au vent & à la gelée. Il renvoya le Général Steinbock à Dantzig, tant pour
renouveller les demandes qu'il avoit
fait à cette ville, que pour y faire transporter les prisonniers qu'il envoyoit en
Suède avec les dépouilles enlevées à
l'Ennemi à Thorn & à Pultausk : les
prisonniers malades y allèrent sur la Vistule, & les autres par terre. On y
transporta 72 canons & 2 mortiers pris
à Thorn. Cependant le froid qui augmentoit tous les jours, obligea enfin le
Roi de Suède de décamper. Il partit
avec le Prince le 21 Novembre, passa
la Vistule, & se rendit à Topolno, où
il logea chez le Curé du lieu. Il alla le
même jour à Derschau, qui est à quatre milles de Dantzig : il y avoit donné
rendez-vous au Général Steinbock, pour
règler ensemble les quartiers d'hiver. Il
retourna le lendemain à Topolno, &
y arriva à neuf heures du soir avec le
Prince sans aucune suite, après avoir
fait 32 milles en deux jours.

Le Roi reçut dans ce tems-là les Dé-
pu-

putés de plusieurs Palatinats, de Cujavie, de Pruffe &c. qui entrèrent
dans la Confédération. Un d'entr'eux le
harangua en fort beau Latin, ce qui le
furprit beaucoup, parce que généralement on parle mal Latin en Pologne.
La réponfe qu'on lui fit en la même langue, étoit très bien conçue, avec une
grande précifion, dénuée à la vérité des
ornemens du ftile oratoire dont s'étoit
fervi le Député dans fa harangue.

Charles XII changea quelques jours
après de quartier, il s'avança vers Elbing, après y avoir envoyé le Général
Steinbock pour la fommer de fe rendre.
Comme cette ville avoit de bonnes fortifications, & que la faifon étoit fort
avancée pour entreprendre un fiège, les
habitans firent d'abord quelque difficulté ; mais ayant réfléchi qu'ils n'avoient
ni affez de troupes ni affez de munitions
pour foutenir un long fiège, ils changèrent de fentiment. Ils avoient de
plus devant les yeux le trifte exemple
de la ville de Thorn, à qui un refus im-
prudent avoit couté fi cher. Après
quelques pourparlers avec Steinbock,
le Magiftrat d'Elbing réfolut de fe rendre fans coup férir, & de recevoir gar-

C 5

nifon

nison Suédoise dans la ville. Le Roi s'y
étant rendu le 15 de Décembre avec le
Prince, alla loger dans la même maison
qu'avoit occupé Charles-Gustave son
grand-père. Il y avoit garnison Brandebourgeoise dans Elbing. Cette ville
avoit été hypothéquée par la Pologne à
l'Electeur de Brandebourg, pour la
sûreté d'une vieille prétention. (1) Cette

(1) L'Electeur de Brandebourg, Fridéric-
Guillaume le Grand, avoit prêté à la République de Pologne 400000 écus pour fournir aux
fraix de la guerre qu'il avoit fait en faveur
de la République contre Charles XI Roi de
Suède. L'Electeur Fridéric, qui depuis fut
Roi de Prusse, ne pouvant être payé de cette
somme, résolut de se payer lui-même. Il envoya un Corps de 12000 hommes pour s'emparer de la ville d'Elbing, qui lui avoit été hypothéquée. Elle fut presqu'aussi-tôt prise
qu'investie. L'Electeur la rendit cependant
quelque tems après. Par un accord qu'il fit a-
vec les Polonois, il consentit à perdre le quart
de la dette, à condition que les 300000 écus
lui seroient payés au bout de trois mois. Les
Polonois lui donnèrent pour sûreté la Couronne de leur Roi, & reçurent garnison de
l'Electeur dans Elbing, qui lui demeuroit hypothéquée. Depuis ce tems-là cette affaire
est toujours en même état, les Polonois sont
toujours débiteurs de cette somme, & l'E-
lecteur s'est contenté de garder la Couronne
qui

te garnison se retira & céda la place aux troupes Suédoises, à l'exception de quelques soldats qui restèrent dans la ville, pour conserver le droit d'hypothèque du Roi de Prusse leur Maitre.

Le Magistrat ayant demandé la permission de saluer le Roi de Suède, fut refusé, & de plus condamné à payer 200000 écus pour avoir différé de se rendre aux Suédois, 50000 pour les punir du refus qu'il avoit fait de se soumettre à la contribution que Steinboek en avoit exigée, & 10000 pour avoir balancé d'accorder le passage aux troupes Suédoises.

Après avoir payé cette amende, on lui accorda l'honneur de faire la révérence au Roi. Les Suédois firent prisonnière de guerre la garnison qui étoit de 900 hommes, & se saisirent de 180 gros canons & de quelques petits qui étoient dans la ville. Le Prince Maximilien qui s'étoit trouvé cette année à l'action de Pultausk, au siège de Thorn,

qui est encore à Berlin. Elle est renfermée dans un étui, qui est scellé du Sceau du Royaume de Pologne. *Mémoires du Baron de* PÖLLNITZ *Tom. I. pag. 23. &c.*

Thorn, & à la reddition d'Elbing, é-
toit charmé du succès de sa première
campagne. Il s'occupa pendant quelques jours à voir ce que cette ville renfermoit de plus curieux. C'est une des
plus considérables villes de la Prusse Polonoise. Elle est défendue par de bonnes fortifications, mais plus encore par
sa situation. Les habitans peuvent en
peu de tems en inonder toutes les avenues. Elle est située sur un fleuve
qui va se jetter à une mille de-là dans
un bras de la Mer Baltique. La Religion dominante est la Luthérienne. Le
Commerce qui y fleurit, lui apporte
les richesses & l'abondance. Elle est
très belle & bien bâtie, de sorte que les
Suédois étoient bien aises d'y passer leur
quartier d'hiver. Le Roi les y laissa,
& en partit avec sa Cour. Après avoir
passé par Frauenberg, il s'arrêta quelques jours dans un Canonicat qui a appar-
nu au célèbre Copernic. Les Jésuites
qui y ont un Collège, eurent l'honneur de loger le Roi & sa suite. Ces
Messieurs qui n'étoient pas amis des
Suédois, se seroient bien passés de cet
honneur, ils furent cependant obligés
de leur faire bonne mine. Le Roi continua

tiffua fa route le troifième jour, & alla à Blezvits village Pruffien, où il arriva un accident par la faute d'un domeftique du Prince. Comme les maifons qui n'étoient que de charpente &
de chaume étoient alors couvertes de
neige, ce domeftique fans faire attention
au malheur qu'il pouvoit caufer, tira
imprudemment un coup de fufil fur u-
ne grande quantité d'oifeaux qui étoient
fur une maifon : le feu y prit d'abord,
& la réduifit en cendres en un moment,
de même que les granges voifines, où
un Sécretaire du Roi avoit fes chariots
& fon bagage. Ce fut un grand bonheur que le feu ne gagna pas une maifon voifine, où étoit la Chancellerie.

Le Roi fe rendit enfuite, au commencement de 1704, à Heilsberg, où
réfide l'Evêque de Warmie, & fe propofa d'y paffer l'hiver. Cette ville eft
la capitale de l'Emerland où de l'Evêché de Warmie, qui eft enclavé dans la
Pruffe Brandebourgeoife. L'Evêque
qui étoit ennemi déclaré des Suédois,
avoit pris le parti de fe retirer à Konisberg : c'eft ce qui lui procura la vifite
du Roi de Suède, qui alla loger au

château avec le Prince. Il fit assembler dans cet Evêché toute l'Armée, pour l'envoyer de-là en quartier d'hiver : une partie alla dans la Prusse Brandebourgeoise & dans le Pays des Cassubes, & l'autre se répandit du côté de la Vistule. Charles XII mit à contribution toutes les terres de l'Evêché, de même que le territoire de Marienbourg & de Danzig. Il employa cet argent à lever quatre Régimens de Dragons & un d'Infanterie. Ce dernier fut envoyé à Elbing, & les autres furent destinés à renforcer l'Armée, & à faire la prochaine campagne. Pendant que l'on étoit occupé à mettre ces Régimens sur pied, le Prince Maximilien employoit utilement le tems. Il le donnoit à l'étude de l'Histoire, sur-tout à celle de Suède, de Pologne & d'Allemagne. Il ne négligeoit aucune occasion de s'instruire des affaires de Pologne & de Lithuanie, & de tout ce qui le pouvoit mettre au fait de ce pays, de ses forces, de son gouvernement, de ses mœurs, de ses coutumes. Il continuoit aussi à cultiver l'étude des Fortifications, & s'appliquoit à tout ce qui pouvoit contribuer à le faire un

jour

jour un Capitaine capable & expéri-
menté. Dans ses heures de recréation
il converfoit avec les Officiers de l'Armée, monoit à cheval, s'exerçoit à tirer, ou faifoit quelques parties de
chaffe.

Le Roi de Suède apprit fur la fin de
Janvier, que le Primat avoit convoqué
le Sénat à Varfovie, pour y délibérer
fur la conjoncture des affaires. Les
Confédérés de la grande-Pologne ne
manquèrent pas de s'y rendre. Charles
envoya à cette Affemblée deux Commiffaires pour veiller à fes intérêts; le
Général Horn, & Vachslager fon Ré-
fident ordinaire à Varfovie. Ils infiftè-
rent fortement fur l'article du Détrônement, & entraînèrent dans leur parti
plufieurs membres de la Diète. Le
Maréchal de la Confédération déclara
au nom des Confédérés, qu'ils fe dé-
chargeoient de l'obéiffance qu'ils avoient
jurée au Roi Augufte, & le déclaroient
ennemi de la République, vû qu'il a-
voit violé les loix & les privilèges de
la Nation, & confirmèrent cette réfolution par un ferment folemnel. Augufte informé de cette nouvelle quitta fes
Etats de Saxe, & fe rendit fort à la
hâte

hâte à Cracovie, pour tâcher de diffi-
per cet orage. Il convoqua une Diète
qui devoit s'assembler à Sandomir, pour
l'opposer à celle des Confédérés; & a-
près s'être justifié par un Manifeste
adressé aux Etats, des violences dont
on l'accusoit, il fit casser par la Diète
de Sandomir toutes les résolutions prises contre lui à celle de Varsovie. Cel-
le-ci s'étant rassemblée, on y résolut
unanimement après quelques contestations, de déclarer le Trône vacant. Le
Primat qui reprit l'exercice de la Sou-
veraineté au nom de la République, le
le fit publier dans Varsovie au son des
timbales & des trompettes. La Diète envoya ensuite une Ambassade au Roi de
Suède pour le lui notifier, & pour lui
demander ce qu'il exigeoit encore de la
République. Elle se flatoit que Charles, content d'être venu à bout d'un
projet qui avoit été sujet à tant de difficultés, se retireroit de Pologne, &
entreroit de-là en Saxe avec ses troupes,
pour continuer la guerre avec Auguste,
& y assouvir sa vengeance. Le Roi de
Suède, qui vouloit consommer son ouvrage, dit aux Députés, qu'il souhaitoit que la Diète procédât à l'élection

d'un

d'un nouveau Roi. Auguste qui étoit
à Cracovie, ne tarda pas à apprendre
cette nouvelle, qu'il cacha aux Polonois
de son parti. Connoissant l'inconstance
de cette Nation, il craignoit d'en être
abandonné dans son malheur. En effet
ses partisans informés de la résolution
qui venoit d'être prise à la Diète de
Varsovie, se retirèrent secrettement, &
abandonnèrent leur Roi, à qui ils a-
voient témoigné tant de zèle & de dé-
vouement. Auguste ne se laissa pas a-
battre par toutes ces disgraces. Pour dé-
concerter les mesures de ses Ennemis,
qui vouloient élire pour Roi le Prince
Jaques Sobieski, il résolut de le faire
enlever à Breslaw, où il étoit avec ses
frères. Auguste y envoya dans cette
vue quelques Officiers Saxons, qui s'y
rendirent avec autant de diligence que de
secret. Ils surprirent près de la ville
ce Prince, qui alloit avec Constantin son
plus jeune frère, à une de leurs terres,
les enlevèrent sans aucune résistance, &
les conduisirent à Leipzig, où on les
enferma sous bonne garde. Cependant
le Czar écrivit une Lettre au Primat
en faveur du Roi Auguste. Il menaçoit ce Prélat de venir avec ses troupes

ravager la Pologne, s'il ne révoquoit
l'Acte du Détrônement. Le Général
Renschild d'un autre côté, qui étoit
toujours dans la grande Pologne avec un
Corps de troupes pour soutenir les Confédérés, sut par ses manières insinuantes
engager plusieurs Palatinats dans la Confédération. Il se proposa d'enlever le
Roi Auguste, & marcha pour cet effet à Cracovie avec son détachement.
Auguste n'eut que le tems de se sauver
fort précipitamment, il fut poursuivi
par Renschild jusqu'à Pietrovin; où
le feu ayant pris au quartier d'Auguste, quarante personnes eurent le malheur
de périr dans les flammes, entr'autres
un Maréchal, un Chambellan, deux
Gentilshommes de la Chambre, & trois
Pages. Le Roi Auguste ayant eu le
bonheur d'échapper au Général Suédois, se retira à Sandomir.

Le Prince Alexandre Sobieski qui
étoit à Breslaw, ayant appris l'empri-
sonnement de ses frères, ne s'y crut pas
en sureté; il prit le parti de se rendre à
l'Armée Suédoise avec une bonne escorte. Ayant évité les embuscades du
célèbre Chef de parti Swiniausfki, qui
l'attendoit sur son passage pour l'enle-

ver, il arriva heureusement à Posnanie, & ensuite à Varsovie.

Quoique les desseins du Roi de Suède parussent réussir en Pologne, il avoit cependant encore à vaincre la résistance des Etats de Lithuanie. Ce grand Duché fait partie du Royaume de Pologne, & a une Armée particulière. Charles envoya pour la soumettre le Général Lévenhaupt avec un détachement de 3000 hommes. La terreur des Armes Suédoises détermina bientôt la plus grande partie de la Noblesse du Duché à embrasser le parti des Confédérés, & à souscrire aux résolutions de la Diète de Varsovie.

Charles cependant étoit occupé à faire la visite des Régimens dans leurs différens quartiers. Il alla avec le Prince Maximilien à Elbing, à Dantzig & à Putzig, où un renfort de nouvelles levées devoit bientôt arriver de Suède.

Etant venu une nuit seul avec le Prince à Dersehau, qui est à quatre milles de Dantzig, il en trouva la porte fermée. Après avoir appellé la garde pour se la faire ouvrir, & tiré même quelques coups de pistolet, il descen-

dit

dit de cheval, enfila un chemin pour
chercher une entrée, pendant que le
Prince expofé à la neige gardoit les chevaux. Ayant enfin trouvé une porte
ouverte il rejoignit le Prince, entra dans
la ville, & fe repofa pendant quelques
heures tout botté & éperonné. Pour
le Prince, il fe deshabilla pour fecher
fes habits qui étoient fort mouillés,
s'affit auprès du feu & s'y endormit.
Ses bottes étant tombées dans le feu, il
fut obligé le lendemain de mettre celles
d'un payfan, & s'en fervit pendant plus
de huit jours qu'il courut à cheval.

Peu après le retour du Roi à Heilf-
berg, la Diète de Varfovie lui députa
le Palatin de Pofnanie, Stanislas Comte
de Lefczno Leczinsky, un des principaux membres de la Confédération. Il
étoit fils du Général ou Capitaine de la
grande Pologne & Tréforier du Royaume, dignité qui eft fort confidérable &
qui diffère peu de celle de Palatin. (Il
n'y en a que deux dans toute la Pologne, favoir dans la grande & la petite).
Sa famille étoit une des plus ancien-
nes de Pologne. Elle fut élevée par
l'Empereur Fridéric III, en 1473, à la
Dignité de Comte de l'Empire. Ce
Sei-

Seigneur avoit les qualités du corps &
de l'esprit qui peuvent le plus plaîre.
Une phisionomie fort heureuse, un air
plein de candeur & de douceur, des
manières affables & polies prévenoient
en sa faveur & le faisoient aimer. Sa
conversation étoit fort agréable. Il a-
voit beaucoup de pénétration & d'habileté pour les Affaires, & l'esprit cul-
tivé par la lecture. Il parloit plusieurs
Langues avec facilité, sur-tout la Fran-
çoise & la Latine. Une grande modes-
tie & une ambition bien règlée accom-
pagnoient toutes ces qualités. Il ne se
laissa point éblouïr par l'éclat de la Couronne de Pologne, aussi ne la recher-
cha-t-il pas : il n'en fut redevable qu'à
son mérite & à sa probité, comme nous
l'apprendra la suite de cette Histoire. Il
ne tarda pas à être admis à l'audience
du Roi de Suède, qui espéroit de le
voir chargé d'une commission favorable
à ses desseins. Il venoit prier Charles
de prendre sous sa protection les Confédérés, de les défendre dans ce tems de
troubles contre les persécutions du parti
contraire, & de soutenir sur le trône
celui que l'Assemblée de Varsovie alloit
bientôt y placer. Le Roi lui répondit
aussi

auffi favorablement qu'il le pouvoit fou-
haiter, en l'affurant qu'il étoit difpofé
à affifter de toutes fes forces les Confédérés & le Roi qu'ils alloient élire contre les partifans d'Augufte. Enfuite ils
conférèrent enfemble fur les moyens
d'attirer dans leur parti l'Armée de la
Couronne. Charles qui favoit qu'elle
manquoit depuis longtems d'argent, n'en
trouva point de plus propre que de lui
offrir une affignation d'un million cinq
cens mille écus pour le payement de ce
qui lui étoit dû, & de lui faire payer
cette fomme le jour de l'élection d'un
nouveau Roi. Le Grand Général Lubomirsky qui afpiroit à la Couronne,
parut d'abord goûter cette propofition,
mais il ne fe détermina pas encore à la
faire accepter: il fut fi bien par fa ma-
noeuvre amufer les deux partis fans donner aucune prife fur lui, qu'il leur parut
à tous deux favorable. Cependant dans
la fuite, craignant que fon projet n'é-
chouât, il prit le parti de fe retirer.

L'habileté avec laquelle Staniflas
Leczinsky s'étoit acquité de fa dépu-
tation, fit connoître fon mérite au Roi
de Suède. Il eut avec le Palatin plufieurs conférences fur les affaires de la
Ré-

République, & conçut pour lui une si grande estime, que dès-lors il le jugea digne de la Couronne de Pologne. Le Prince Maximilien rechercha avec empressement la connoissance de ce Seigneur, il tâcha de s'insinuer dans son esprit & y réussit. La suite de cette Histoire fera voir quelle tendre affection Stanislas eut pour ce Prince, & combien il le regretta. Il n'y a même que quelques années que Stanislas sur la route de Deux-Ponts ayant apperçu dans une auberge le portrait du Prince, fit connoître à quelques personnes qui étoient présentes, le plaisir que lui causoit la vue de ce portrait, & ne pût s'empêcher de l'ôter d'un endroit obscur où on l'avoit placé & de l'exposer au jour.

Charles en exécution des promesses qu'il avoit faites à ce Député de la Confédération, envoya un ordre au Général Renschild, de protéger & de défendre les Confédérés en toutes manières. Cela engagea ce Général à tenter encore une fois l'enlèvement du Roi Auguste. Il se rendit secrettement à Solez, où ce Prince se divertissoit à la chasse. Peu s'en falut qu'Auguste ne fût pris. Il
se

se sauva bien vite, & fut poursuivi par le Général Suédois jusqu'aux portes de Sandomir où il s'enferma.

Les Confédérés, après le retour de leur Député ayant conféré sur la nomination de ceux qui pouvoient prétendre à la Couronne, se déterminèrent en faveur du Prince Alexandre Sobiesky. Ce jeune Prince, aussi généreux que sensé, ne voulut pas l'accepter. La détention de ses frères, & les troubles qui agitoient la Pologne, furent les raisons qui l'en détournèrent. En montant sur le trône, il ne pouvoit espérer de rétablir la tranquillité dans le Royaume, ni d'adoucir le sort de ses frères. Au contraire, il jugeoit que par-là il les exposeroit certainement au ressentiment d'Auguste, qui ne manqueroit pas de les resserrer plus étroitement. Ce Prince donc, résolu de sacrifier son ambition au bonheur de ses frères, se rendit à Heilsberg auprès du Roi de Suède, pour lui faire approuver son refus, & le prier de le faire agréer à l'Assemblée de Varsovie.

Ce refus surprit tout le monde, & donna des espérances à bien des Prétendans. Quelques Polonois avoient des
vues

vues pour l'Electeur de Bavière, qui avoit plusieurs fils d'une Princesse de Pologne, & qui se trouvoit alors engagé dans une fâcheuse guerre contre l'Empereur. Le parti du Prince de Conti renouvella ses brigues, & le proposa à l'Assemblée. Quelques-uns se déclarèrent pour le Prince Ragotsky, d'autres pour Odeschasky. Cependant comme tous ces Prétendans étoient des Princes étrangers, la plupart des Confédérés jugèrent plus avantageux à la République, de donner la Couronne à un Polonois.

Opalinsky étoit un de ceux qui y pouvoient le plus prétendre par sa naissance & ses richesses. Il avoit déjà paru sur les rangs après la mort de Jean Sobiesky, & auroit été élu, s'il avoit employé son or à se faire des créatures, & ne s'étoit même rendu suspect par son avarice. Il se flatoit cependant, d'avoir bonne part à cette élection, mais une mort subite vint l'enlever à de si belles espérances.

Après Opalinsky, le Palatin de Posnanie étoit un des principaux Candidats. Outre un grand nombre de partisans, il avoit la faveur du Roi de

D Suè-

Suède, qui pouvoit tout en Pologne. Le Cardinal Primat qui craignoit les Suédois, ne voulut pas lui paroître contraire. Mais quand on voulut procéder à l'élection, il leva le masque & se déclara pour Lubomirsky; parce, disoit-il, que ce Général étoit maitre de l'Armée de la Couronne, & qu'étant plus riche que le Palatin de Posnanie, il seroit mieux en état de soutenir sa famille, & de faire la dépense convenable à un Roi. Cependant la raison secrette qui engageoit ce Prélat à le favoriser, étoit le mariage de Touviansky fils du Vaivode de Lencizi son parent avec la fille de Lubomirsky.

Pendant ces contestations de la Diète de Varsovie, le Prince Maximilien alla avec le Prince de Gotha à Konisberg, qui n'est qu'à neuf milles de Heilsberg. Il alla saluer le Gouverneur de la ville, qui étoit un Duc de Holstein-Beck, & s'occupa pendant deux jours à voir ce que cette ville avoit de plus remarquable.

Elle est fort grande & fort belle. Sa situation est très agréable, & n'est pas moins utile aux habitans par la proximité de la Mer Balthique, qui favorise leur

leur commerce qui est très confidérable.
On trouve dans cette ville une grande
abondance de toutes les choses néceſſaires à la vie. On y voit des habitans de
différentes Nations, des François, des
Polonois & des Lithuaniens, qui ont le
libre exercice de leur Religion, & qui
font le ſervice dans la Langue de leur
Pays. Elle a une Univerſité fort an-
cienne & fort nombreuſe, fondée par
Albert Duc de Pruſſe.

Le Prince après y avoir ſéjourné
quelques jours, revint au quartier du
Roi, qui ſe divertiſſoit avec ſes Officiers à pluſieurs petits exercices. Ces
divertiſſemens furent troublés par un
malheur que cauſa l'inadvertance du
Roi. Comme il s'amuſoit à tirer au
piſtolet avec ſes Courtiſans, il chargea
le ſien fort à la hâte, & y laiſſa la baguette ſans y prendre garde. Ayant enſuite
tiré ſon coup, la baguette alla donner dans
la poitrine de Herd ſon Chambellan, & le
renverſa par terre ; il en mourut trois jours
après. Sa mort fut des plus chrétien-
nes, & les regrets du Roi égalèrent
l'affection qu'il avoit pour lui. La plai-
ſanterie qu'il fit au Prince quelques
jours après étoit plus ſupportable : il
lui ôta ſa perruque de deſſus la tête,

& lui dit en riant que fes cheveux lui iroient beaucoup mieux, & lui donneroient un air plus martial Le Prince par condefcendance la quita d'abord : ce qui fit que comme il reffembloit un peu au Roi, on le prit au commencement pour lui.

Cependant le Roi apprit que les Dantzikois, après plufieurs conférences avec le Général Steinbock, avoient refufé d'entrer dans la Confédération, & de fatisfaire à plufieurs prétentions de la Suède, qui exigeoit d'eux le payement d'une vieille dette de 400000 écus, la permiffion d'enroller dans la ville pour le fervice de l'Armée, & de mettre garnifon Suédoife dans leur citadelle. Le Roi apprit en même tems, que le transport de recrues étoit arrivé à Dantzig. Il s'y rendit inceffamment avec le Prince, fit avancer quelques Régimens devant la ville, & fixa un terme aux habitans, dans lequel ils fe devoient déterminer à embraffer le parti des Confédérés. Ces Meffieurs voyant bien qu'il y alloit de leur liberté, foufcrivirent à tout ce qu'on leur demandoit. Ils renoncèrent au ferment de fidélité qu'ils avoient prêté au Roi Augufte, le déclá-

clarèrent ennemi de la République de
Pologne, & entrèrent dans la Confédération: ils s'obligèrent auffi de n'affifter
en aucune manière les ennemis des Suédois, & payèrent une vieille dette qui
avoit été contractée du tems de Charles
Cnutefon Roi de Suède.

Charles XII s'engagea de fon côté à
les protéger contre tous ceux qui les
attaqueroient, & à foutenir la liberté
de leur commerce. Il fit enfuite retirer
fes troupes de devant la ville, & revint
fort fatisfait à fon quartier, après avoir
fait la vifite de quelques Régimens qui
étoient fur fa route, & donné des ordres pour leur départ & celui de toute
l'Armée.

Avant qu'elle fût prête à fe mettre
en marche, Charles apprit qu'Augufte
avoit envoyé 4000 Polonois & 100
Saxons pour faire une irruption dans le
camp du Général Renfchild; mais que
ces troupes s'étoient contentées d'attaquer un parti Suédois qui n'étoit que
de 300 hommes, commandés par un
Lieutenant-Colonel; que ceux-ci s'é-
toient défendu avec beaucoup de valeur contre un nombre fi fupérieur; &
qu'un Capitaine, un Cornette & 104

Soldats s'étant fait jour l'épée à la main
à travers l'Ennemi, avoient fait une très
honnorable retraite, après avoir perdu
environ 200 des leurs. Les Polonois en-
flés de ce petit avantage, quoique remporté avec des forces si inégales, s'as-
semblèrent à Sandomir, y formèrent
une Confédération qu'ils opposèrent à
celle de Varsovie, élurent Denhof Maréchal de l'Assemblée, & protestèrent
de tout sacrifier pour soutenir les intérêts du Roi Auguste.

Le Roi de Suède reçut de Livonie
des nouvelles bien plus fâcheuses. Il apprit que les Moscovites avoient battu
sur le Lac Peypus l'Escadre de Suède
qui étoit de 15 Vaisseaux, & que le
Commandant Suédois pour ne pas tomber entre les mains de l'Ennemi, s'étoit
fait sauter avec son Vaisseau, après avoir
mis le feu aux poudres; que les Moscovites s'étoient ensuite rendu maitres
de tout le Peypus, & avoient bombar-
dé Dorpt; & qu'ayant pris la route de
Narva ils avoient défait un détachement
de 1400 Suédois que commandoit le
Général Schlippenbach, & en avoient
tué 1200.

Cependant Charles impatient de voir
l'ex-

l'exécution de son projet, partit d'Heilsberg avec le Prince, & se rendit aux
différens quartiers où étoient les Régimens, pour en régler la marche. Il envoya ordre au Comte Piper de partir avec les deux Régimens des Gardes,
& de marcher du côté de Varsovie.
L'Armée traversa une partie de la Prusse Brandebourgeoise, fit vingt milles
en cinq jours, & vint le sixième à Praznits, ville Polonoise. Le Roi venoit
d'y arriver, après avoir parcouru plus
de cent milles dans les longs détours
qu'il avoit faits. Il n'avoit si fort préci-
pité la marche de l'Armée, qu'afin
qu'elle n'incommodât pas longtems la
Prusse Brandebourgeoise, par où il a-
voit été obligé de passer. Durant la
marche, le feu prit dans un village à la
maison qu'occupoient le Roi & les deux
Princes, qui eurent le tems de se sauver.
Une partie de leurs effets fut consumée
par les flammes, mais ils s'en consolè-
rent facilement.

La ville de Praznits, où l'Armée fit
alte après cette marche forcée, est
passablement grande. Les maisons n'y
sont que de bois, comme dans presque
toute la Pologne. Elle est dans la Pro-

vince de Maſſovie, qui comprend trois Palatinats. Le Roi ne s'y arrêta qu'un jour. Comme il vouloit preſſer l'élection d'un Roi de Pologne, il réſolut de s'avancer inceſſamment vers Varſovie, pour être plus à portée des Electeurs. Il ſe rendit à Czickanouva, petite ville environnée de marais, & fortifiée par un bon château. Il y laiſſa ſa Cour, & vint avec le Prince à Zakrozin, où il paſſa la Viſtule & arriva à Blonie, ſituée à quatre milles de Varſovie. Le Prince qui étoit incommodé d'une violente toux, fut obligé de s'y arrêter quelque tems pour ſe rétablir. Cette incommodité lui venoit de la courſe qu'il avoit faite avec le Roi pendant huit jours de ſuite ſans ſe coucher, & de la mauvaiſe eau qu'il avoit bue au défaut de la bière de Pologne, à laquelle il n'avoit pu s'accoutumer.

Charles ayant fait approcher de Varſovie quelques troupes Suédoiſes, pour mettre à l'abri des ſurpriſes de l'Ennemi les Etats aſſemblés dans cette Capitale, on réſolut de procéder au-plutôt à l'élection d'un nouveau Roi, ce qui engagea le Prince à ſe rendre à Varſovie, pour aſſiſter aux cérémonies qui

qui se pratiquent à cette élection.

. Le lieu où la Diète s'assemble pour cela, est une grande plaine près du village de Vola, à la distance d'une demi mille de Varsovie. On y dresse un couvert avec des planches, fait à peu près comme une grande hale. C'est là où les Sénateurs sont assis en cercle. Ils sont environnés des Députés des Provinces, du reste de la Noblesse, & des Soldats qui sont tous à cheval, & qui forment autour du couvert autant de pelotons qu'il y a de Palatinats.

Lorsque la Diète se fut assemblée, on convint, suivant les loix du Royaume, de donner audience avant l'élection aux Envoyés des Princes étrangers. Le Primat comme Roi, pendant l'interrègne, envoya querir celui de Suède dans son carosse, qui étoit suivi de plusieurs autres appartenans à des Grands de Pologne. Plusieurs Sénateurs & les Maréchaux du Royaume & des Nonces eurent ordre de le recevoir & de l'introduire dans le cercle. Dès-qu'il fut arrivé & qu'il eut salué l'Assemblée, on le pria de s'asseoir au milieu des deux Maréchaux du Royaume. Ayant présenté ses Lettres de Créance au Chance-

D 5 lier

lier qui les lut à haute voix, il fit ensuite aux Etats une harangue en Latin
sur l'élection qu'ils alloient faire, &
leur recommanda fortement le Palatin de
Posnanie, un des Prétendans à la Couronne. Le Primat lui répondit au nom
du Sénat, & le Maréchal des Nonces
au nom de la Noblesse. Cela fait, l'Envoyé se retira de l'Assemblée & rentra
dans Varsovie.

On procéda ensuite à l'élection, &
on commença par implorer à genoux le
secours du St. Esprit, après quoi chacun reprit sa place; les Sénateurs se tinrent de bout, & le Primat resta seul
assis. Un des principaux Sénateurs
de chaque Palatinat eut ordre d'en re-
cueillir les suffrages, & les communi-
qua ensuite au Sénat, qui les lut & les
compta.

La plupart votèrent pour un Polonois; quelques-uns furent pour les Princes étrangers dont nous avons parlé;
mais la plus grande partie de la Noblesse
se réunit en faveur du Palatin de Posnanie, qui eut la pluralité des voix. Cependant comme les Sénateurs gagnés par
le Primat lui étoient contraires, la Ses-
sion de ce jour fut inutile; parce qu'on
ne

ne peut proclamer de Roi en Pologne,
fans un confentement unanime du Sénat
& de la Nobleffe.

Quoique le Primat eût paru porté
pour le Palatin, & qu'il eût donné de
grandes efpérances à l'Envoyé de Suède, néanmoins lorfqu'on en vint à l'é-
lection, il détacha plufieurs Sénateurs
du parti de ce Candidat, fous prétexte
qu'il étoit trop jeune, & que le Roi de
Suède vouloit forcer les fuffrages d'une
élection qui devoit être parfaitement
libre. Il fe déclara enfuite pour le Grand
Général Lubomirsky, par la raifon que
nous avons déjà raportée. Il ne voulut
pourtant pas convenir d'avoir paru favorable à Leczinsky : ce qui piqua fi
fort l'Envoyé de Suède, qu'il fe brouil-
la ouvertement avec lui, & lui repro-
cha en termes très vifs fa duplicité.

. Ce bon Prélat ne laiffa pas de perfis-
ter dans fon deffein ; & pour le faire
réuffir, il tâcha de fortifier fon parti des
amis du Palatin, & fut gagner le Maréchal de l'Election, par la jaloufie qu'il
lui infpira contre ce Candidat. Cependant la plus grande partie de la Nobles-
fe demeura attachée à Leczinsky. Cela
engagea le Primat à tirer l'affaire en lon-

leurs bonnets en l'air, *Vive le Roi* STA-
NISLAS I.

Le nouveau Roi accompagné de la
Noblesse, fut conduit au bruit des ac-
clamations par l'Evêque de Posnanie à
l'Eglise Cathédrale pour chanter le *Te
Deum*, & l'on annonça au peuple cette élection au bruit des canons de la
ville.

Le Primat & le Grand Général ne
vouloient pas d'abord consentir à l'é-
lection : cependant voyant bien que toutes leurs oppositions seroient inutiles,
ils se rendirent le quatrième jour chez le
nouveau Roi, pour le complimenter
sur son avènement à la Couronne.

Quelques jours après l'élection, le
Chambellan Lubomirsky arriva avec 60
Drapeaux Polonois, il suivit l'exemple
des autres, & rendit hommage à Stanislas. Le Prince de Wirtemberg fut un
des prémiers qui l'alla complimenter. Il
avoit su se mettre si bien dans ses bonnes graces, que Stanislas souhaitoit de
l'avoir toujours auprès de lui, & qu'il
pria même le Roi de Suède de le laisser pendant quelques semaines à Varsovie.

Cependant Stanislas écrivit à Charles,
pour

pour lui notifier son avènement à la
Couronne. Ces deux Rois voulant se
rendre visite l'un à l'autre, se rencontrèrent à moitié chemin de Blonie &
de Varsovie. Charles rendit au nouveau
Roi de Pologne tous les honneurs dûs à
son rang. Le Comte Piper & tous les
Officiers Suédois s'empressèrent à imiter leur Maitre, & firent à Staniflas
leurs complimens de félicitation.

Les Confédérés témoignèrent au Roi
de Suède qu'ils souhaitoient de contracter avec lui une étroite alliance. Il y
consentit, & nomma dans ce dessein
trois Ambassadeurs extraordinaires, le
Général Hora, Vachslager qu'il avoit
fait Sécretaire-d'Etat, & Palmberg Vi-
ce-Président de la Cour de Justice de
Dorpt, & leur donna les instructions
nécessaires pour traiter de cette affaire
avec le Roi & la République de Pologne.

Charles partit ensuite avec le quartier-général des environs de Varsovie,
pour aller joindre le Général Renschild.
Il avoit résolu de combattre les troupes
ennemies avant qu'elles fussent grossies
par un renfort d'Infanterie, que le Général Schulenbourg leur amenoit de
Saxe.

Saxe. Il tira droit à Sandomir, & y arriva avec son Armée le 4 Août, après s'être arrêté dans la marche pour célébrer un Jour de jeûne & de prières. Il fit aussi-tôt construire un pont sur la Vistule, pour faire sa jonction avec Renschild.

Sandomir, près de laquelle le Roi de Suède établit son camp, est située sur une éminence près de la Vistule, grossie par les eaux de la San, qui s'y vient décharger à quelque distance de la ville. Elle a un château où réside le Vaivode de ce Palatinat. Cette ville est une des plus considérables de la Pologne. Elle est célèbre dans l'Histoire par deux Synodes qui s'y sont tenus; l'un, qui proscrivit l'héréfie de Scandari; & l'autre, qui condamna la confession d'Augsbourg, & les sentimens des Hussites & des Suisses. Le Prince Maximilien eut dans cette ville une attaque de dissenterie très fâcheuse, causée par les fatigues d'une violente marche, & par la mauvaise nourriture. Cette maladie empira, & fit craindre pour sa vie : cependant l'habileté du Médecin du Roi, nommé Micrander, le tira d'affaire en peu de tems ; il fut
bien-

bientôt en état de monter à cheval , & de faire la campagne.

Auſſi-tôt que le pont fut achevé, Charles après avoir ruïné les nouveaux ouvrages des fortifications, paſſa la rivière avec ſes troupes , & fit enſuite rompre le pont. Il marcha à Jaroſlaw pour chercher l'Ennemi , qui avoit été renforcé par un Corps de Ruſſes & de Coſaques ; mais il venoit d'abandonner cette ville, & s'étoit retiré à Léopold. La ville de Jaroſlaw qui dépend du Palatinat de la Ruſſie Noire , eſt ſituée ſur la San. Elle eſt fort connue par le grand commerce qu'elle a avec les Turcs, les Perſes , les Moſcovites & les Villes de Veniſe & d'Amſterdam. Comme elle étoit dans les intérêts d'Auguſte, le Roi de Suède ; après l'avoir miſe à contribution , la força d'embraſſer le parti du Roi Staniſlas. Pendant ce tems-là , le Prince Maximilien reçut des Lettres de Varſovie, où on lui mandoit ce qui s'y étoit paſſé depuis ſon départ. Les Ambaſſadeurs Suédois venoient de faire leur entrée dans cette Capitale. Ayant été reçus au Couvent des Carmélites par trois Sénateurs avec les cérémonies accoutumées,

nées, ils montèrent dans les carosses
du Roi Stanislas, suivis de plusieurs
autres, & furent conduits au château
à travers deux haies de soldats, au son
des trompettes & des timbales. A la
descente du carosse, ils furent reçus
par le Maréchal du Roi, & montèrent
jusqu'à la prémière porte, accompagnés
chacun de deux Sénateurs. Le Chambellan de la Couronné leur vint ensuite
au devant, & les conduisit jusqu'à
l'appartement du Roi, où ils furent
introduits par le Prince Sapiéha Chancelier du Royaume & Tréforier de
Lithuanie. Auffi-tôt que le Roi qui
étoit affis fous un Dais de velours rou-
ge les eut apperçu, il s'avança quelques
pas vers eux, & retourna ensuite prendre fa place, pendant que les Ambaffadeurs reftèrent debout devant lui. A-
près qu'ils fe furent couverts, le Général Horn fit au Roi un Difcours en
Latin, & lui préfenta fes Lettres de
Créance. Le Prince Sapiéha, en qualité de Chancelier, lui répondit au
nom de Sa Majefté. L'audience finié,
les Ambaffadeurs fe retirèrent, & de-là
fe rendirent chez la Reine. Ils la ha-
ranguèrent auffi en Latin, fuivant la
cou-

coutume établie en Pologne, à la première audience que donne cette Princesse. Ils se couvrirent d'abord, mais lorsque le Général Flom eut commencé son Discours, ils se découvrirent par respect pour son sexe. Le Chancelier de la Reine lui répondit en son nom. Ils allèrent ensuite, sans être accompagnés des flambeaux, chez la Comtesse de Lesno mère du Roi. Elle leur vint au devant, conduite par le Trésorier Sapiéha, jusqu'à la porte de l'antichambre. Les Ambassadeurs ayant été priés de s'asseoir sur des chaises à dos, ils eurent l'honneur de complimenter cette Dame en François & de l'entretenir pendant plus d'une demie heure, & furent reconduits par les Sénateurs avec la même cérémonie qu'on avoit observé à leur introduction chez le Roi.

On travailla après cela à conclure le Traité d'Alliance entre la Suède & la Pologne. Le Roi Stanislas nomma pour Commissaires l'Evêque de Posnanie, le Grand Général Lubomirsky, les Palatins de Siradie & de Podlachie, le Castelan de Inovladislaw, & le Sous-Ecuyer de la Couronne.

Cependant le Prince Sapiéha, Grand Gé-

Général de Lithuanie, avoit eu le bonheur de joindre avec un Corps de troupes, celles qui étoient sous les ordres
du Général Lévenhaupt en Lithuanie.
Wiesnowisky fit tout ce qu'il put à la
tête d'un détachement de 4000 Polonois & Lithuaniens pour s'opposer à
cette jonction, & pour dissiper le parti de Sapiéha. Celui-ci avec Lévenhaupt alla chercher les Ennemis commandés par Oginsky & Wiesnowisky.
Il les poursuivit pendant longtems, &
tomba enfin sur leur arrière-garde, la
mit en desordre, & lui enleva une partie du bagage & la Chancellerie d'Oginsky. Sapiéha publia ensuite des Univer-
saux pour convoquer une Diète, & y
attira une partie de la Noblesse de Lithuanie, qui embrassa le parti de Staniflas. Wiesnowisky de son côté, pour
faire rentrer les Lithuaniens dans les intérêts d'Auguste, publia un Manifeste
par lequel il les exhortoit à suivre les
Conclusions prises à la Diète de Lublin : il se forma par ce moyen un puis-
sant parti en peu de tems.

Les Lithuaniens ainsi divisés les uns
contre les autres, en vinrent souvent
aux mains, mais le plus souvent avec
avan-

avantage du côté de Sapiéha. Le Starofte de Minsk à la tête de 900 hommes, furprit un jour un détachement
de 700 hommes du parti de Wiefno-
wisky, & ayant fondu fur eux avec beaucoup d'impétuofité, les tailla presque tous en pièces.

Lévenhaupt, peu de tems après,
chaffa de devant Selbourg dans la Sémi-
galle un Corps confidérable de troupes
ennemies, qui étoit venu affiéger cette
ville. Il leur prit 300 chariots chargés
de plufieurs facs d'argent, de beaucoup
de vaiffelle, & d'une grande quantité
de poudre ; & les ayant pourfuivis
jufquà Jacobftadt en tua & en diffipa
la plus grande partie, & leur enleva le
refte de leur bagage avec quelques pièces d'artillerie. Pendant que ces deux
partis étoient acharnés à s'entredétruire
en Courlande & en Lithuanie où Lévenhaupt gagna plufieurs petites victoires, le Czar fe fignaloit en Livonie. A-
yant mis le fiège devant Dorpt, il la
réduifit en peu de tems aux abois par
le bombardement & par les différens affauts qu'il lui donna avec fuccès, &
l'obligea enfin à fe rendre, après s'être
rendu maitre d'une de fes portes. Par
la

la Capitulation il promit aux Officiers
& à trois Compagnies de la garnison de
leur laisser leurs armes, & de les faire
conduire à Rével ; cependant il ne leur
tint pas parole : il jugea à propos de les
disperser, & il n'en fit conduire qu'u-
ne Compagnie à Rével ; des deux autres furent forcées de se retirer à Riga
& à Viborg. Le Czar n'en demeura
pas à la prise de cette ville. Il marcha
à Narva qu'il avoit fait investir, & fit
amener devant cette ville 24 mortiers
& 40 canons dans le dessein d'en former
le siège. Il envoya au Général Horn,
Gouverneur de la place, le Colonel
Skyke qui avoit commandé à Dorpt,
pour le persuader à capituler avant le
siège & le bombardement. Mais le
Gouverneur fidelle à son devoir, répondit qu'il étoit résolu de se défendre
jusqu'à la dernière extrémité. L'Ennemi ayant préparé les batteries & ouvert
la tranchée, fit en peu de tems un sensible ravage dans la ville par le feu de
l'artillerie & les bombes qu'il y jetta.
Il battit en brèche la place de deux
côtés, & poussa la tranchée jusqu'au
fossé. Un bonheur imprévu donna au
siège plus de succès que n'auroient
fait

fait dix assauts, & servit à rendre
l'Ennemi maitre de la ville presque en
un moment. Un bastion qui étoit sur
un fond marécageux s'étant éboulé tout
à-coup combla le fossé de ses ruines, &
ouvrit une large brèche par où cent
hommes pouvoient passer de front. A-
lors Ogilvi qui commandoit le siège,
fit sommer la ville de se rendre, mais
elle n'y voulut pas entendre. Voulant
profiter de ses avantages, il fit donner
assaut à la place en plein midi, dans le
moment que les Assiégés étoient le
moins sur leurs gardes, & la fit attaquer en même tems par quatre endroits
différens. Les Moscovites furent reçus des Assiégés avec beaucoup de valeur, & en furent même d'abord repoussés. Cependant, comme les Assié-
geans qui étoient fort supérieurs en
nombre recevoient continuellement
quelque renfort de troupes, les Suédois furent enfin enfoncés & mis en
fuite. Le Général Horn & cinq Colonels furent obligés de se rendre prisonniers de guerre avec une partie de la
garnison; le reste se retira dans le château, qui étoit défendu par 200 hommes sous le commandement d'un Lieu-
te-

tenant-Colonel. Il ne put pas tenir
longtems contre les Moſcovites, & demanda à capituler. La Capitulation é-
toit honorable. On lui accordoit, de
même qu'à ſa garniſon, la permiſſion de ſe retirer avec ſes armes à Rével
ſous eſcorte Moſcovite. Cependant
quand on en vint à l'exécution, le
Czar en fit conduire une partie à Viborg.

Ce Monarque encouragé par les prémiers ſuccès de ſes armes contre un Prince qui peu d'années auparavant l'avoit
battu avec tant d'avantage, ſe propoſa
de conquérir toute la Livonie. Il avoit
ſu profiter de ſes malheurs. Il s'étoit
apliqué à diſcipliner & à former ſes
troupes au métier de la Guerre : à force
d'être vaincues, elles apprirent à vaincre
à leur tour. Le Czar qui s'étoit ſoumis
l'Ingrie, établit Menzikof Gouverneur
de cette Province, & l'éleva à la Dignité de Prince. Il reçut très mal le Général Horn, qui avoit défendu Narva
avec beaucoup de valeur juſqu'à la dernière extrémité. Mécontent de la Lettre
que lui avoit écrit ce Général, lorſqu'on
l'avoit fait ſommer de ſe rendre, il lui
parla en termes fort injurieux. Le Général

néral surpris d'un tel accueil, en témoigna au Czar son ressentiment avec beaucoup de respect. Mais ce Prince irrité le
frappa au visage, & le fit jetter ensuite
dans le fond d'une prison, où il le laissa
languir pendant quelque tems. Il fit élargir l'Officier Suédois qui avoit commandé à Nottebourg, & que Horn avoit
mis aux arrêts à Narva, parce qu'il a-
vóit rendu trop tôt la place aux Moscovites. Cet Officier obtint la permission de se rendre à l'Armée Suédoise pour
se justifier auprès de Charles.

Environ dans ce tems-là, Auguste
chercha à faire alliance avec le Czar, pour
tâcher de se rétablir sur le trône de Pologne. Voici quelles étoient les principales conditions de cette alliance.
1. Auguste demandoit que le Czar
le secourût de ses troupes jusqu'à la fin
de la guerre. 2. Qu'il lui fît toucher
chaque année deux millions pour l'entretien de l'Armée de Pologne. 3. Qu'il
rendît à la République la Forteresse de
Bialazerkef, qui est située dans la province de Kiovie. 4. Qu'il lui fournît 12000
hommes, & les entretînt à ses fraix. 5.
Qu'il accordât aux Catholiques de Mos-
cou & de Smolensko le libre exercice
de leur Religion. 6. Enfin il demandoit

E

pour le Nonce du Pape le privilège d'être admis à l'audience du Czar avec les Miniſtres des Puiſſances Errangères.

Le Czar ſouſcrivit d'abord à toutes ces propoſitions, à l'exception de celle qui concernoit le Nonce du Pape. Il fit dire à Auguſte que comme il ne reconnoiſſoit pas le Pape pour Chef de l'Egliſe, il ne pouvoit accorder au Nonce le privilège d'être admis à ſon audience, mais qu'il lui donneroit le pas ſur tous les Envoyés des Puiſſances Etrangères. Ce Monarque touché des diſgraces d'Auguſte accepta non ſeulement l'alliance anx conditions qu'on la lui avoit propoſée, mais offrit même plus qu'on ne lui demandoit. Il promit de céder à la République tout ce qu'il avoit conquis, & qui avoit autrefois appartenu à la Pologne.

D'autre part, les Suédois eurent avis des frontières de Siléſie, qu'un Saxon avoit mis ſur pied une nouvelle Armée pour remplacer celle qui avoit été défaite à la Bataille de Cliſſaw, & qu'elle avoit joint le parti d'Auguſte en Pologne. Cela engagea le Général Mayerfeld à aller renforcer avec deux Régimens de Cavalerie le Général Mardefeld

feld, qui campoit fous le canon de
Pofnanie.

Pendant que les Mofcovites fe ré-
jouïffoient des progrès qu'ils faifoient en
Livonie, les Suédois fe difpofoient en
Pologne à s'aller rendre maîtres de Léopold, capitale du Palatinat de Ruffie.
Cette ville n'avoit pas voulu reconnoître Staniflas pour Roi, & venoit de
renouveller à Augufte le ferment de fidélité. Charles envoya le Général
Steinbock avec un Corps de troupes
pour la reconnoître, en exiger des
contributions, & y établir un magafin.
Augufte pendant ce tems-là quita l'Armée, s'avança vers le Bug, étant couvert d'un Corps de troupes aux ordres
du Général Brand, chargé d'obferver
les mouvemens des Suédois, & fe rendit fecrettement à Lublin par Sokal &
Zamofch. Cependant Steinbock étoit
allé à Léopold, pour exécuter les ordres
de fon Maître. La ville bien loin de
confentir à ce qu'on lui demandoit, fit
arrêter ce Général. Auffi-tôt que Charles
en eut avis, il réfolut de l'aller réduire.
Avant de partir pour cette expédition,
il donna au Prince Maximilien des marques de fa générofité, il lui fit payer

mil-

mille florins avec ordre exprès de ne l'en
pas remercier. Charles prit avec lui 15
Régimens, & laissa au camp Suédois
Renschild avec le reste de l'Armée,
qui étoit de 12 Régimens, pour garder
le poste qu'ils occupoient, & pour continuer à lever des contributions. La marche du Roi fut fort rapide. Il vint camper le quatrième jour à quatre milles de
Léopold près de Javorow, petite ville
connue par ses excellens Bains. Comme
le terroir de ce canton est extrêmement
gras, le transport du bagage ne se pou-
roit faire que fort lentement. Le Roi qui
vouloit arriver le même jour devant
Léopold pour empêcher, le Général
Mazépa d'y jetter du secours, laissa
pour cet effet en arrière l'artillerie & le
bagage, & s'avança avec 3 Régimens
de Dragons vers la ville. La nuit cependant le surprit dans une forêt qu'il
étoit obligé de passer, & il survint en
même tems une fort grosse pluye. L'obscurité devint si grande, que la plupart
des soldats s'égarèrent, ce qui engagea
le Roi à faire alte, & à assembler au son
des trompettes ceux qui s'étoient disper-
sés. Il prit le parti de passer le reste
de la nuit dans ce bois, & de partir à

la

la pointe du jour pour surprendre la
place. On campa, on fit du feu, &
l'on tâcha de se garantir de la pluye le
mieux que l'on put. Le Roi s'envelop-
pa dans son manteau, & s'étant couché
sur les genoux d'un Colonel il s'y endormit en attendant le jour. Le Prince en fit autant, il se mit auprès d'un
bon feu, & dormit quelques heures
fort tranquillement, jusqu'à ce que le
Roi se remît en marche. Charles s'é-
tant avancé jusqu'à une mille de Léopold, s'arrêta pour attendre que la
Cavalerie se fût rassemblée. Cela fut
cause qu'il fut découvert par un parti
Polonois. Après avoir pris un léger re-
pas, il s'approcha de la place pour l'observer, & la fit en même tems investir.
L'Ennemi fit d'abord grand feu sur les
Suédois, leur tua outre plusieurs soldats un Capitaine & un Lieutenant, &
blessa un Adjudant-Général. Le Roi
courut aussi risque de la vie, un boulet
ayant passé fort près de lui. Pendant
qu'il étoit occupé à commander le blocus, un Corps de quelques mille Cosaques & de Valaches parut près de la
ville: mais comme ils n'avoient pas envie d'engager de combat avec les Sué-

dois,

bois, ils se contentoient de caracoller,
& prenoient la fuite à leur approche.
Léopold, ou comme les Polonois la
nomment Luvaw, est située sur le fleuve Pettau à 15 milles du mont Cra-
pack. Elle est grande, & bien fortifiée
pour une ville de Pologne.
Elle a de bons remparts, & des fossés fort profonds. D'un côté un château, ou plûtôt une sorte de Couvent
qui est fort bien retranché. Elle est
commandée d'un autre côté par une
hauteur, où paroissent les débris d'un
vieux château. Quoique les murailles de
cette place ne fussent que de bois, elle a-
voit cependant soutenu plusieurs siéges
contre les Turcs, les Tartares, & les
Cosaques, & n'avoit pas encore été prise. Les Turcs qui étoient venu l'assiéger
avec une Armée de 100000 hommes, a-
voient été contraints de lever le siége
après trois mois d'efforts inutiles. Cette
se ville qui se vantoit d'être encore
vierge, perdit toute sa gloire en peu
d'heures. Le Roi de Suéde avec une
poignée de gens s'en rendit maître le
lendemain l'épée à la main, sans le secours d'aucune artillerie. Dès que le
Roi fut arrivé devant la place, les habitans

bitans qui n'étoient pas difpofés à fe rendre, mirent d'abord le feu à leurs fauxbourgs, & fe retirèrent dans la ville. Elle avoit pour Commandant le Palatin
de Kalifch, ennemi juré des Suédois.
Il avoit été un des principaux moteurs
de la guerre qu'Augufte avoit portée
dans les Etats du Roi de Suède; & é-
toit venu auparavant à Stockholm comme Envoyé de la République, fous prétexte 1. De renouveller le Traité de
Paix d'Oliva. 2. De demander la médiation de Charles pour ajufter les différends furvenus entre la République &
le Brandebourg au fujet d'Elbing. 3.
De toucher le payement des fommes
que la ville de Thorn avoit prêtées à
la Suède pour les fraix de la précédente
guerre. 4. Enfin d'affermir l'alliance entre les deux Puiffances.

Le Roi avoit très bien reçu cet Envoyé, & avoit confenti à la plupart des
articles de fa négociation, qui n'étoit
au fond qu'une feinte de la part de la
République. Elle vouloit jetter le Roi
dans la fécurité, par des apparences d'a-
mitié dont elle couvroit fes deffeins contre la Suède, comme cela parut peu a-
près : car l'Envoyé ayant quité Stockholm

holm se rendit à Coppenhague, il y
conclut sécrettement une alliance offensive contre la Suède, & retourna
ensuite en Pologne par un autre chemin.

Ce Palatin qui commandoit à Léopold, espéroit de repousser les Suédois
qui tenoient la ville bloquée, & d'é-
chapper à la vengeance de Charles.

Le Roi après être allé reconnoître
les avenues de la place, ordonna les préparatifs pour une attaque. Il commanda auparavant à un Capitaine avec 50
soldats, d'aller occuper le Cloître retranché, qui étoit un poste important.
Il s'en rendit maitre après quelque résistance de la part des Assiégés, après
quoi l'on donna assaut à la ville par trois
endroits différens. Le Colonel Grassau
commença l'attaque du rempart, qui étoit
muni de chaque côté d'un bastion. Le
Colonel Buchvald en fit autant à sa
droite, & le Colonel Dicker à sa gauche.
Chacun de ces Colonels étoit précédé
d'un Lieutenant & de 84 soldats, &
un Capitaine avec 50 hommes & quelques charpentiers avoit été commandé
pour aller faire une brèche à la muraille
qui n'étoit que de bois, comme nous l'a-
vons

vons dit. Craffau fut bleffé à la tête au
commencement du combat, & l'on fut
obligé de l'emporter. Buchvald fuivi de
plufieurs autres monta fur le rempart
malgré le feu des Affiégés, & les ayant
chargés avec beaucoup de vigueur, il
les mit en defordre, les pourfuivit, &
les chaffa à coups de grenade du chemin
couvert. Cela favorifa les travailleurs,
qui eurent le tems de faire une brèche
à la muraille. Des deux autres côtés les
Affiégeans faifoient auffi tous leurs. efforts pour gagner le chemin couvert.
Le Roi & le Prince voulant avoir part à
la prife de la place, montèrent auffi à
l'affaut, malgré les prières dés Officiers. Le Roi quoique botté, grimpa
fur le rempart avec une très grande agi-
lité. Le Prince qui avoit fes piftolets à
la ceinture, ne put pas le fuivre avec la
même viteffe; il tomba plufieurs fois
en montant, cependant il parvint bientôt au haut du rempart, & fut un des
prémiers, qui entra dans la ville. Les
Affiégés effrayés par la valeur.& l'intrépidité des Suédois, furent enfoncés de
tous côtés, & ne purent jamais fe rallier. Et comme ils vouloient fe retirer
dans la ville fur un pont qui y condui-

foit, les Suédois les pourfuivirent
& les ferrèrent de fi près qu'ils gagnèrent le pont avec eux, en pafsè-
rent au fil de l'épée un grand nombre,
& fe rendirent maitres de la ville. Quelques maifons furent d'abord expofées
au pillage; mais Charles fit bientôt arrêter, par des ordres rigoureux, la fureur
& l'avidité du foldat. Le Commandant
en robe de chambre voulant fe retirer
dans un Couvent, fut arrêté par quelques Gardes du Corps, & reconnu par
le Général Steinbock, qui le maltraita
fort, pour fe venger d'un affront que
ce Palatin lui avoit fait à Dantzig. Il
fut fait prifonnier de guerre avec fa garnifon, qui étoit de 700 hommes. Le
Roi prit 171 pièces de canon qu'il fit
fauter, parce qu'il n'avoit pas la commo-
dité de les faire tranfporter : les chevaux lui
manquoient pour cela, & les chemins
d'ailleurs étoient extrêmement mauvais.
Les foldats firent un butin confidérable
dans cette ville. Charles donna la liberté à un grand nombre d'Efclaves Turcs
& Tartares qu'il y trouva. Il exigea des
habitans une contribution de 300000
écus, cependant dans la fuite il relâcha
de la moitié de cette fomme, à la follici-

tation

tation de Stanislas. Il fit préfent au Prince Maximilien d'un très beau cheval Turc, que l'on avoit pris à l'Ennemi.

Le Roi de Suède après la prife de cette place, fit venir les troupes qu'il avoit laiffé en arrière, & les fit camper près de la ville, en attendant qu'il pût être informé des deffeins de Wiefnowifky & des Cofáques qui faifoient des courfes dans le Palatinat de Podolie.

Pendant que Charles avoit été occupé à la prife de Léopold, Augufte voulant profiter de fon abfence, réfolut d'aller furprendre à Varfovie les Confédérés & le Roi Stanislas. Il s'avança à grandes journées avec fes troupes vers cette ville. Le Général Horn qui en eut avis, fe prépara à faire une vigoureufe défenfe. Il confeilla aux Polonois d'aller à fa rencontre avec l'Armée de la Couronne, & de lui livrer bataille avant qu'il fût renforcé par de nouvelles troupes. Mais Lubomirsky ne fut pas de ce fentiment, difant que comme il n'étoit fûr de la fidélité que de deux Compagnies, il étoit à craindre que la plus grande partie de l'Armée ne défertât pour fe rendre à celle d'Augufte. Horn

ne laiſſa pas de perſiſter dans le deſſein
de ſe bien défendre, & envoya ordre à
un Major Suédois qui étoit à Latovitz
à ſept milles de Varſovie, de le venir rejoindre inceſſamment avec les trois Compagnies qu'il commandoit.   Mais le
Général Brand qui ſurprit ce Major
avec un Corps de quelques mille Saxons,
l'obligea à ſe défendre malgré l'inégalité
du nombre.   Le Roi Stanislas & le
Général Lubomirsky ſe hâtèrent de l'aller ſoutenir avec un fort détachement de
troupes Polonoiſes & de la Cavalerie
Suédoiſe; mais il avoit été contraint de
ſe rendre à diſcrétion avant qu'ils puſſent
le joindre.   Cependant Staniſlas qui é-
toit dans le deſſein d'attaquer Brand, le
propoſa à Lubomirsky. Ce Général ne
parut pas diſpoſé à le ſeconder. Le Général Saxon profita de l'irréſolution des
Polonois, & ſe tira au plus vite de la
preſſe.

Cependant Auguſte étoit arrivé devant Varſovie, & l'avoit inveſtie. Le
Général Horn avec 480 hommes d'Infanterie s'y défendoit vaillamment: mais
comme la place n'étoit pas tenable, il
ſe retira avec ſon monde dans le château; contre lequel Auguſte fit pointer
ſon

fon artillerie, qui y mit le feu en deux
endroits. Une grosse pluye qui survint
l'éteignit en peu de tems, ce qui en-
couragea les Assiégés. On fit plusieurs fois sommer le château, mais
Horn ne résolut de se rendre que lorsqu'il vit la fin de ses provisions. Il
fut donc enfin contraint de capituler,
& se rendit prisonnier de guerre avec
sa garnison. On lui laissa, de même
qu'aux autres Officiers, ses armes &
son bagage. L'Evêque de Posnanie &
les Ministres de Suède, Wachslager &
Palmberg qui se trouvoient à Varsovie,
furent arrêtés & conduits en Saxe. Pour
le Comte de Horn, il eut la permission
d'aller sur sa parole au camp Suédois,
pour rendre compte au Roi son Maitre
de ce qui s'étoit passé, & se rendit
ensuite en Saxe comme prisonnier d'Auguste. Quelques jours auparavant le Roi
Staniflas, forcé de céder la place à son
rival, s'étoit réfugié à Léopold auprès
du Roi de Suède avec le Prince Alexandre, après avoir passé au camp de
Renfchild, qui lui avoit donné une forte escorte.

Pendant que les Suédois étoient dans
leur camp près de Léopold, où ils se

croyoient

croyoient en sureté, Wiesnowisky vint
une nuit au clair de la lune avec un
Corps de Polonois & de Moscovites
pour les y forcer. Ils attaquèrent les
retranchemens avec une grande furie,
& en jettant des cris affreux. Les Suédois réveillés par le bruit ; coururent
d'abord aux armes pour repousser l'Ennemi. Le Prince Maximilien n'eut pas
le tems de s'habiller, il mit les jambes
nues dans ses bottes, & suivit le Roi
dans l'endroit par où les Polonois vouloient pénétrer dans le camp. C'étoit
quelque chose de plaisant, que de voir
les Suédois en chemise, armés & rangés
en bataille. L'Enhemi fit plusieurs attai-
ques, il tint bon pendant quelque tems,
& redoubla ses efforts pour forcer le retranchement: mais quelques salves de la
mousquetterie Suédoise ralentirent bientôt son feu; il fut obligé de plier, &
de prendre la fuite fort en desordre. Ce
combat ne dura qu'une demi-heure, &
les Suédois n'y perdirent que quelques
chevaux.

Quoique la ville de Léopold eût depuis peu prêté serment de fidélité à
Auguste, elle ne laissa pas d'en faire autant au Roi Stanislas dès qu'il fut arrivé.

ve. Son exemple fut imité par la Noblesse des environs, qui vint se soumettre au nouveau Roi , & lui rendit hommage. Ils entrèrent dans la Confédération , & renvoyèrent à Charles , en
signe d'amitié , quelques quarante Suédois qu'ils avoient fait prisonniers. L'Armée Suédoise se reposa ensuite des fatigues de la campagne , jusqu'à ce que
Charles entreprit quelque nouvelle expédition. Elle profita d'une grande
quantité de provisions dont la ville de
Léopold abondoit. Le Roi prit plaisir
pendant ce tems-là à s'informer de ce
qui la concernoit. L'Archevêque de
cette ville est second Sénateur du
Royaume , son autorité ne s'étend pas
moins sur le temporel que sur le spiri-
tuel. Il s'y trouvoit encore alors un
Archevêque Arménien , qui venoit
d'embrasser la Religion Catholique. Il
reconnoissoit le Pape pour Chef de l'E-
glise, & en adoptoit tous les dogmes ,
mais il ne vouloit pas se soumettre à son
autorité, par rapport aux usages & aux
cérémonies de l'Eglise qu'il n'admet-
toit pas. Outre ces deux Archevêques , il y avoit dans cette ville un E-
vêque Grec qui dependoit de l'Arche-
vê-

vêque de Constantinople. La Religion Grecque diffère à plusieurs égards de la Catholique & de l'Arménienne, quoique son extérieur soit à peu près le même. Ils font le signe de la Croix suivant le nombre des sens, du visage à la poitrine, & participent à la sainte Cène sous les deux signes. Ils se servent dans cet acte religieux de Pain ordinaire, mais ils lui donnent la forme d'un Corps, & y marquent en gros caractères le nom de JESUS. Ils le coupent ensuite en petits morceaux quarrés, en mettent un dans une cueillère où ils versent un peu de vin, & l'Evêque après l'avoir consacré, le présente au Communiant. Ils croient que le St. Esprit procède du Fils. Ils ne portent point de Chapelets. Ils ne lisent pas la Messe en Latin, mais en Langue Esclavonne. Ils adorent les Saints, & ont des Couvens en commun avec les Catholiques de Pologne. Il y avoit aussi beaucoup de Juifs dans cette ville. Ils ont une très belle Synagogue, où le Prince Maximilien assista plusieurs fois au Service Divin avec quelques Officiers.

Sur la fin de Septembre, le Roi de
Sué-

Suède ayant eu avis que le Général
Schulenbourg étoit parti de Saxe avec
un renfort de nouvelles levées, & avoit
joint le parti d'Auguste en Pologne,
résolut, avant de mettre l'Armée en
quartier d'hiver, de poursuivre les Ennemis & de leur livrer bataille. Il décampa avec son Corps de troupes, &
se mit en marche du côté de Varsovie.
Il fit prendre les devans à l'Infanterie,
& suivit peu après avec la Cavalerie.
Il passa par Maziochin, Labonie, To-
maschow & Zamosch. Cette dernière
ville est une place assez forte. Elle a
de hautes murailles, de bons remparts,
& des fossés fort profonds. Ses fortifications sont beaucoup plus réguliè-
res que celles des autres villes de Pologne. Le Seigneur du lieu qui étoit
Prince, avoit refusé à Auguste, de même qu'au Général Steinbock, le passage
de leurs troupes, & s'étoit retiré dans
la forteresse pour se défendre, en cas
d'attaque. Les deux frères du Prince
de Zamosch craignant le ressentiment
de Charles, lui vinrent au devant, &
lui firent des excuses de ce qui s'étoit
passé. Ils firent ensuite ouvrir les portes de la ville aux troupes Suédoises.

La

La Garnison mit bas les armes, & les Bourgeois payèrent au Roi une contribution de 50000 écus. Il continua sa marche, qu'un terroir fort gras & des pluyes presque continuelles rendirent fort pénible, & se rendit par Belzits à Wingerow, petite ville où il y a un grand nombre de Protestans qui ont le libre exercice de leur Religion. Avant d'y arriver, il fut joint par le Roi Stanislas & par le Général Renschild, & apprit que Lubomirsky avoit quité Stanislas, & étoit allé à Cracovie. Cette démarche rendit suspect ce Général à Charles, qui connoissoit l'inconstance naturelle des Polonois. Il apprit aussi à Wingerow où il s'étoit arrêté, qu'un parti Saxon y étoit arrivé le jour précédent, & en étoit parti quelques heures après. Il résolut de se mettre à ses trousses, & partit la nuit suivante avec 900 hommes de Cavalerie. Il arriva en peu de tems sur les bords du Bug, où il eut avis que ce parti s'étoit retiré au camp d'Auguste près de Pultausk. Charles tira droit à cette ville, espérant d'atteindre bientôt les Ennemis; mais ceux-ci ne l'attendirent pas,

pas. Allarmés par l'approche des troupes Suédoises, ils se hâtèrent de quitter
un endroit où ils avoient été si fort
maltraités l'année précédente. Ils se passèrent à Vischegrod la Vistule sur un
pont qu'ils rompirent après eux ; &
fuirent jusqu'à Varsovie ; d'où ils étoient
partis quelques jours auparavant. Charles les pourfuivit jusqu'à Praag ; qui
n'est séparée de cette ville que par la
Vistule, comme nous l'avons dit ci-des-
fus. Ayant été renforcé par Renschild
qui lui amena de l'Infanterie ; il donna
ordre que l'on construisît inceffamment
deux ponts fur la rivière. Il paroiffoit
au commencement qu' Augufte vouloit faire tête à Charles ; & qu'il avoit
deffein de fe bien défendre. Il fit élever un parapet le long de la rivière
pour empêcher le paffage des Suédois,
fit patrouiller avec beaucoup de foin dans
tous les endroits où l'on pouvoit abor-
der, & envoya occuper avec quelques
foldats une flèque qui eft à quatre milles
de Varsovie, & il fit garnir d'artillerie.
Les Suédois cependant s'en rendirent
bientôt maîtres fans grande réfiftance.
Il arriva qu'un jour les trois Rois fe
trouvèrent fi près les uns des autres,

qu'ils

qu'ils se pouvoient parler. Charles & Stanislas étoient avec le Prince dans l'île de la Vistule dont ils s'étoient emparés, & Auguste se promenoit de l'autre côté de la rivière avec Fitztuhm son Chambellan. Celui-ci adressa la parole aux Suédois, & leur dit, *Messieurs ne voulez-vous pas venir à nous?* Charles répondit, *Nous ne sommes pas si méchans.* Le Chambellan demanda, *Votre Roi n'est-il pas-là?* — Un Page de la Chambre répondit en montrant le Roi, *Oui il est là.* Après plusieurs questions ironiques, & réponses sur le même ton, Fitztuhm dit aux Suédois, *Messieurs nous vous attendrons ici.* A quoi le Page répondit, *Parole.* Auguste repliqua, *Parole en Maître.* Là-dessus il les salua & leur dit, *Adieu Messieurs.*

Cependant le Roi de Suède avoit fait jetter deux ponts sur la Vistule; l'un à quatre milles au-dessus de Varsovie près de l'île qu'il occupoit, & l'autre vis-à-vis de la ville. Il se rendit au premier, accompagné du Prince, pour entreprendre le passage des troupes : mais dans le moment qu'il étoit sur le pont avec 100 hommes d'Infanterie pour tra-

renverser la rivière, l'autre côté du
pont qui n'étoit pas solidement bâti fut
emporté par la force de l'eau, 50 hommes gagnèrent heureusement la rive opposée, & le Roi avec le reste des Fantassins se sauva en-deçà de la rivière.
Comme le petit nombre de ceux qui
étoient en-delà couroient risque d'être
attaqués, Charles envoya d'abord à leur
secours la plus grande partie de l'Infanterie, qui passa sur des radeaux. Le Roi
& le Prince se firent aussi passer la rivière la nuit suivante, espérant de ren-
contrer l'Ennemi dans un bois voisin
où il avoit paru le jour précédent, mais
il s'étoit déjà retiré. Charles sans perdre de tems s'avança vers Varsovie,
pour voir si Auguste étoit sérieusement
dans le dessein de l'y attendre & de
soutenir le siège ; mais il l'avoit quitté
le jour précédent. Il s'étoit enfui avec
ses troupes vers les frontières de la Silésie.
Le Général Stremberg n'étant plus incommodé par l'Ennemi, pressa l'ouvrage
du pont, qui fut bientôt achevé. Le
reste de l'Armée passa la rivière avec le
bagage. Charles partit d'abord après
avec quelques Régimens de Cavalerie,
pour poursuivre les Ennemis. Il en at-
tei-

teignit en chemin, un grand nombre,
tant Moscovites que Saxons, qui ne
pouvoient soutenir une marche si préci-
pitée. Tout ce qui étoit Moscovite
étoit massacré, & les Saxons étoient
faits prisonniers. Le Roi ayant atteint
près de Pionteck l'arrière-garde ennemie, qui étoit de 300 hommes de Cavalerie, en tua une partie, une autre
prit la fuite, & 50 Cavaliers avec un
Major furent faits prisonniers. Auguste qui avoit deux marches sur Charles, se détacha de l'Armée avec 2000
Cavaliers, laissa le commandement au
Général Schulenbourg, & prit la route
de Cracovie, espérant que le Roi de
Suède abandonneroit la poursuite de
l'Infanterie, pour s'attacher à lui; mais
Charles ne prit pas le change. Il demeura sur les traces de l'Armée, & tira
vers Kalisch, où quelques Compagnies
se postèrent pour arrêter la Cavalerie
Suédoise, & lui disputer le passage.
Quelques Dragons furent commandés
pour les en déloger. Le Roi & le Prince se mirent à leur tête, & les animè-
rent si bien par leur exemple, que dans
peu de tems ils se rendirent maîtres de
la porte. Charles perdit à cette attaque

un

un Page nommé Klinckenstrom, qu'il aimoit beaucoup, & qui étoit le confident de tous ses secrets. Comme il parut fort affligé de cette perte, & qu'il donna des ordres pour faire transporter son cadavre, le bruit se répandit aussitôt dans l'Armée que le Prince Maximilien venoit d'être tué, & l'on se mit à crier *le petit Prince est mort*, ce qui arracha des larmes à plusieurs soldats qui lui étoient fort attachés.

Le Roi fit prisonniers dans cette ville un Colonel, un Capitaine, trois Lieutenans, & quelques soldats. Il continua sa poursuite du côté de Krotoschin, où les Saxons venoient d'asseoir leur camp, ne croyant pas que les Suédois fussent si proche d'eux. Dès qu'ils en eurent reçu avis par les Coureurs de l'Armée, ils plièrent bagage & se mirent à fuir. Ils marchèrent toute la nuit, & ne s'arrêtèrent que lorsqu'ils se crurent en sureté. Cette marche fut si rapide, que plusieurs Brigades restèrent en arrière, & furent arrêtés par les Suédois, à qui ils rendirent d'abord les armes, de sorte que deux Maréchaux de Logis firent prisonniers 25 Saxons. Charles ne se lassant point de poursuivre

vre l'Armée ennemie, l'atteignit enfin à
Punitz fur les frontières de Siléſie. Le
Général Schulembourg qui ne pouvoit
plus reculer, fit ſa diſpoſition pour le
combat. L'Armée qu'il commandoit,
étoit compoſée de 12 Bataillons & de
14 Eſcadrons. Il s'empara d'un poſte
fort avantageux, & rangea ſes troupes
en bataille. Sa droite étoit appuyée à un
village, & ſa gauche s'étendoit le long
d'un marais fermé par l'artillerie, qu'il
plaça entre les chariots de bagage.

Quoique Charles n'eût que quatre
Régimens de Cavalerie & qu'il fût preſque nuit, il réſolut d'attaquer l'Ennemi. Comme ſa Cavalerie étoit haraſſée
de fatigues par la longue & rapide courſ-
ſe qu'elle venoit de faire, & que les
chevaux étoient preſque ſur les dents,
quelques-uns eſtimoient qu'il falloit attendre un renfort de troupes avant de
livrer bataille. Mais l'Infanterie ennemie ayant fait un mouvement, parut
diſpoſée de venir attaquer. Charles fut
d'avis de ne pas l'attendre, & d'aller
fondre ſur la Cavalerie l'épée à la main.
Ce prémier choc ſe fit avec tant de furie de la part des Suédois, qu'ils enfoncèrent d'abord la Cavalerie Saxone,
&

& la culbutèrent fur fon Infanterie, dont
plufieurs Bataillons furent mis en defordre & renverfés. Pendant que la
Cavalerie Saxone étoit pourfuivie par
les Suédois, l'Infanterie ayant eu le
tems de fe remettre, fe rallia & vint
attaquer par derrière les Suédois, fur
qui elle fit un feu terrible. Ceux-ci
ayant fait volte-face, s'efforcèrent de la
repouffer; mais elle tint ferme, & rendit pendant longtems par fon intrépidité la victoire douteufe, après plufieurs
heures d'un combat qui dura jufqu'à la
nuit. Les Ennemis furent enfin obligés
de plier. Il fe retirèrent à la faveur de
l'obfcurité du côté de l'Oder, & ayant
paffé ce fleuve avec un détachement entrèrent en Siléfie. Un Officier Suédois
qui avoit été envoyé à la pourfuite des
Saxons, les perdit de vue dans l'obfcurité, & ne put leur empêcher le paffage
du fleuve. Le Roi de Suède fut mortifié de ce que les Ennemis lui avoient
encore échappé. Cette journée ne laiffoit pas de lui être glorieufe. Avec
quelque Cavalerie il avoit forcé & mis
en fuite une Armée trois fois plus nombreufe, & étoit refté maitre du champ
de bataille. Il y trouva 9 pièces de

F   ca-

canon, que les Ennemis avoient été o-
bligés d'abandonner. Cette victoire lui
couta pourtant assez cher. Il y eut à
cette action plus de 200 Suédois de-
tués, & un grand nombre de blessés.

Le lendemain Charles entra en Siléfie
afin de poursuivre les Saxons. Comme
il étoit sur les terres de l'Empereur, il
donna de bons ordres aux Officiers pour
empêcher que les soldats n'y commis-
sent aucune vexation. N'y trouvant
plus l'Ennemi qui continuoit à fuir, &
qui avoit pris la route de Saxe, il ne
fut pas alors d'avis de l'y suivre ; & é-
tant retourné sur ses pas , il s'avança
vers un village où avoit paru un Corps
de 2000 Cosaques. Dès-qu'il les eut
apperçu , il les chargea avec son im-
pétuosité ordinaire, & en passa au fil
de l'épée la plus grande partie, le reste
se réfugia dans des maisons, & ne voulant
pas se rendre y fut brulé par les ordres
de Charles à l'exception de 212, pour
lesquels le Roi Stanislas demanda grace.

Pendant que les Saxons chassés par les
Suédois de tous les postes qu'ils occupoient en Pologne se retiroient en hâte
chez eux, Charles alla au secours de la
ville

ville de Pofnanie, qui étoit affiégée par
un Corps de Mofcovites fous le commandement de Patkul, Livonien de nation. A l'approche des Suédois ils le-
vèrent le fiège, & s'allèrent pofter à
Frauenftadt. Il s'y firent une forte de
retranchement de leur bagage, qu'ils
garnirent d'onze pièces d'artillerie. Mais
le Roi de Suède les y vint forcer, &
les pourfuivit jufqu'à un village voifin,
où ils périrent tous par le fer ou le feu
des Suédois, excepté un Major, un
Lieutenant, & quatre foldats, à qui l'on
donna quartier.

Charles XII, après avoir battu les
troupes Saxonnes & Mofcovites, divifa
fon Armée, & l'envoya hiverner fur les
frontières de Siléfie. Ce fut au commencement de Décembre qu'elle entra
en quartier d'hiver. Le Roi de Suède
fit dans cette campagne plus de 200 milles. Il étoit parti le 21 Juin de Heilf-
berg, & étoit allé à Varfovie, à Sandomir & à Léopold. Il étoit revenu
à Varfovie, & de-là s'étoit rendu à Pu-
nits fur les confins de la Siléfie, & à Pofnanie dans la grande Pologne.

Tout lui avoit réuffi dans cette campagne. Il avoit détrôné Auguste, fait

Sta-

Staniflas Roi de Pologne, attaqué & pris prefqu'en même tems Léopold, battu & mis en fuite les Saxons & les Moscovites en diverfes rencontres, & enfin défait & chaffé de Pologne la plus grande partie de l'Armée ennemie.

Le Prince Maximilien qui l'avoit accompagné dans toutes ces expéditions, donna par-tout des marques de fon courage & de fa bravoure, auffi-bien que de la force de fon tempérament, éprouvé par les rudes fatigues qu'il avoit effuyées.

Le Roi établit fon quartier à Ravits, petite ville de Pologne, fituée fur les frontières de Siléfie. Il prit contre fa coutume un logement fort commode dans une grande maifon qui appartenoit à un Seigneur Polonois, & l'occupa avec toute fa Cour. Cette ville eft munie d'un bon rempart, elle eft fort différente des autres villes de Pologne, tant par rapport à fes maifons qu'aux mœurs & au langage de fes habitans. Elle eft très régulièrement bâtie, de manière que d'un endroit de la ville on voit les quatre portes. On y parle Allemand à peu près comme en Siléfie. Les habitans font tous Proteftans, ils s'enrichiffent

par

par un commerce aſſez conſidérable de Draps, qu'ils débitent dans toute la Pologne.

'Après que les troupes furent entrées en quartier d'hiver, les Envoyés de pluſieurs Cours étrangères ſe rendirent auprès du Roi de Suède. La plupart furent renvoyés à la Chancellerie de Stockholm; pour y traiter des affaires dont ils étoient chargés. Mais comme ils ſouhaitoient conclure avec le Roi lui-même, & s'épargner de plus la peine d'un long voyage; ils quitèrent leur caractère de Miniſtres, & furent introduits chez le Roi comme Paſſagers.

Quoique Charles ſe fût propoſé de ne point vaquer aux Affaires étrangères pendant qu'il ſeroit à Ravits; il ne laiſſoit pourtant pas de ſe rendre très ſouvent à la Chancellerie avec le Comte Piper & Hermelin ſon Chancelier, & s'y appliquoit depuis ſept heures du matin juſqu'à deux heures après midi à régler tant les affaires de ſon Royaume, que ce qui concernoit la préſente guerre & l'entretien de ſon Armée. Il employoit ſes heures de loiſir à inventer une nouvelle méthode d'exercer ſes ſoldats, qu'il mit enſuite en pratique &

in-

introduisit parmi toutes ses troupes.

Pour le Prince, il s'occupoit à entretenir un grand nombre de correspondances, il s'apliquoit à l'étude de l'Art Militaire, de l'Histoire & de la Politique. Il alloit voir quelquefois le Roi Stanislas à son château de Ridzin, & y prenoit avec lui le plaisir de la chasse. La situation de ce château étoit très riante: il avoit dans ses avenues un beau village, & un grand bois que Stanislas fit percer pour avoir en perspective la ville de Lissa, qui n'en étoit éloignée que d'une mille. Ce château qui étoit bâti avec beaucoup de goût & de magnificence, pouvoit passer pour un des plus beaux de Pologne: il n'étoit pas encore fini quand les Saxons, après le départ des Suédois, le ruinèrent. Lorsque le Roi de Suède étoit fort occupé, le Prince alloit voir les villes voisines. Il fut à Breslaw capitale de la Silésie, grande & belle ville, considérable par son commerce. Il y fit sa cour à l'Evêque qui étoit un Prince de la Maison Palatine, aussi-bien qu'à l'Electeur Palatin son frère qui y résidoit alors. Cependant il préféroit à tout la présence du Roi, pour qui il avoit beau-

I

coup

coup d'attachement : il le lui témoignoit
par ses assiduités & ses attentions. Il
s'appliqua à la Langue Suédoise avec
beaucoup de succès, il la parla en peu
de tems avec tant de facilité & en prit
si bien l'accent, qu'on l'auroit pris pour
Suédois de l'aveu même du Roi. Il
ne parloit que Suédois avec Charles,
François avec Stanislas, Latin avec les
Polonois qui n'entendoient pas le François, & Allemand avec ses Domesti-
qués.

Cependant les troubles intestins augmentoient en Pologne, tout y étoit
dans une grande confusion. Ceux qui
paroissoient les meilleurs amis devenoient
bientôt ennemis déclarés. Charles &
Auguste ne savoient plus à qui se fier.
Plusieurs des Confédérés qui à l'élection
de Stanislas avoient paru les plus zélés,
rebutés par les moindres difficultés, se
laissoient gagner par le parti contraire,
ou du moins devenoient neutres. Le
Grand Général Lubomirsky fut un des
prémiers qui se rangea au parti d'Auguste. Pour justifier sa désertion, il
répandit un Ecrit parmi les partisans de
Stanislas. Il y protestoit que ce qui
l'avoit porté à changer, étoit l'amour

pa-

paternel; que c'étoit l'unique moyen de faire élargir ses deux fils, que le Roi Auguste avoit fait enlever d'un Couvent & conduire en Saxe, où on les avoit jetté dans le fond d'une prison. Il finissoit en disant, qu'un motif aussi raisonnable de son changement le justifieroit aux yeux de toute la terre.

Ces petits avantages ne relevèrent pourtant pas les espérances d'Auguste. Il avoit des raisons de soupçonner que Charles avoit dessein de porter la guerre dans ses Etats. Cela l'engagea à se rendre en Saxe pour recruter ses Régimens, & se mettre en état de défense. L'Armée de la Couronne pendant ce tems-là faisoit des courses en Pologne, levoit des contributions, & commettoit mille desordres. Smiegelsky, célèbre chef de parti, venoit souvent reconnoître le quartier-général des Suédois, & les y attaquoit à l'improviste dans les fauxbourgs de Ravits: mais on le faisoit fuir plus vite qu'il n'étoit venu. Il attaqua un jour près de Pétrikou avec 600 Chevaux un Lieutenant Suédois qui ne commandoit que 24 hommes. Celui-ci s'étant retiré aussi-tôt avec son monde dans la maison de campagne d'un

Gen-

Gentilhomme Polonois, il s'y retrancha
le mieux qu'il put, & s'y défendit avec
toute la valeur imaginable. Ni le feu
de la mousquetterie qu'il essuyoit, ni
la capitulation qui lui fut offerte, ne
purent l'engager à se rendre. Il se battit comme un lion pendant quatre heures de suite, repoussa les efforts des
Ennemis, & contraignit Smiegelsky à
quiter la place avec perte d'un grand
nombre des siens. Une si belle défense valut à ce Lieutenant une place de
Major, dont Charles récompensa sa bravoure. On peut juger par-là que l'Infanterie Polonoise ne vaut rien pour le
siège, puisque 600 hommes ne purent
emporter un foible retranchement défendu par 125 Suédois. Généralement
l'Infanterie en Pologne est très mal aguer-
rie ; elle n'est pas commandée par la
Noblesse du pays, qui se croiroit des-
honorée de servir à pied. Un grand
nombre de soldats étrangers, & sur-tout
de Hongrois, la composent. Elle est
mal disciplinée, mal vétue, mal payée,
de sorte que les soldats ont à peine de
quoi vivre dans leurs quartiers d'híver.
Tout cela ne les encourage pas à bien
faire. Ils sont armés d'une sorte de ha-

che

che & d'une épée, quelquefois d'un long mousquet. La *Pospolite*, que l'on appelle en France l'*Arriere-Ban*, fait la plus grande force de la Pologne, c'est la Cavalerie du pays. Elle est fort nombreuse, & n'est composée que de la Noblesse, qui sert à ses propres frais. Lorsqu'on la convoque en tems de guerre, elle s'assemble dans chaque province sous les ordres du Castelan, qui la conduit au Palatin, qui est le Gouverneur de la Province. Elle va ensuite au rendez-vous général de l'Armée, se ranger sous le commandement du Grand Général. Elle n'a point d'uniforme, & chacun peut s'habiller comme il veut, de sorte que lorsque l'on va en campagne, leurs habits qui sont de différentes couleurs, font une plaisante bigarrure. Cette Cavalerie est divisée en deux Corps, que l'on appelle *Hussari* & *Towarsits*. Les prémiers sont armés de sabres, de pistolets & d'une courte lance; & les autres de carabines, d'arcs & de flèches. Il y a encore une autre Corps composé de Cavaliers, que l'on appelle *Quartiens*, parce qu'ils sont payés du quart de l'argent destiné à entretenir la table du Roi. Ceux-ci sont mis en

gar-

garnifon fur les frontières du Royaume,
pour le défendre contre les incurfions
des Tartares ; cependant on les emploie
quelquefois en campagne. En tems de
guerre la Pologne a d'ordinaire à fa folde
un Corps compofé de Valaches. Ce
font des troupes mercenaires, qui fer-
vent également les Polonois & leurs Ennemis, fuivant la paye qu'on leur donne. Charles & Augufte en avoient à
leur fervice dans cette guerre. Elles
font payées des contributions des Juifs,
& de l'argent de l'impôt que l'on met
fur les plantations de Tabac.

Le départ fubit d'Augufte pour la
Saxe caufa une extrême furprife aux Polonois qui lui étoient attachés. Plufieurs abandonnèrent fon parti, entr'autres le Palatin de Kiovie, qui déclara Augufte ennemi, & vint fe fou-
mettre à Staniflas avec 8000 hommes du Palatinat de Ruffie & de Volhinie qu'il commandoit. Les Saxons
reçurent encore une échec fur les frontières de Hongrie, où quelques Régimens avoient pris leurs quartiers d'hiver
dans les terres d'un Lubomirsky qui
fervoit l'Empereur. Incommodé par
ces nouveaux hôtes, il quita le fervice

de

de fon Maitre, raffembla à la hâte un Corps de 3000 hommes, & vint délo-ger les Saxons. Il prit plufieurs Officiers prifonniers, & enleva aux fuyards une timbale d'argent. Il fe rendit enfuite au quartier du Roi de Suède, & lui préfenta les prifonniers, un Major, trois Capitaines, un Lieutenant & onze bas Officiers. Il en fut reçu très gracieufement, de même que du Roi Staniflas. Cette expédition fe fit au commencement de 1705.

Le Général Stremberg détacha auffi du parti d'Augufte le Palatinat de Cracovie, qui fe foumit à Staniflas, & entra dans la confédération. Les Confédérés qui étoient en grand nombre à Varfovie, firent prier Charles de conclure le Traité d'alliance entre la Suède & la Pologne. Il leur promit d'y faire travailler d'abord après que le Roi Staniflas auroit été couronné. Le Cardinal Primat publia dans cette vue des Univerfaux, pour convoquer dans les Palatinats les petites Dières, & préparer la Générale, dont l'ouverture fe devoit faire à Varfovie le 11 de Juillet.

Cependant Augufte, pour fe conferver une partie des Etats qui lui étoient

en-

encore attachés, leur écrivit une Lettre fort gracieuse. Il les y assuroit que dès - qu'il seroit · rétabli d'une maladie qui le retenoit en Saxe, il retourneroit en Pologne avec une forte Armée pour les soutenir: Il les sollicitoit en termes très obligeans de défendre ses intérêts avec le zèle qu'ils lui avoient toujours marqué, & leur donnoit des ordres pour mettre l'Armée de la Couronne en bon état. Pour empêcher le Couronnement de Stanislas il eut recours à l'autorité du Pape. Clément XI qui occupoit alors le Siège Pontifical, porté à protéger ce Prince qui avoit embrassé la Religion Catholique, envoya des Brefs à tous les Prélats de Pologne, par lesquels il leur reprochoit leur infidélité envers leur Roi, & leur défendoit en termes exprès de sacrer le nouveau Roi sous peine d'excommunication. Les Confédérés ne se laissèrent pas intimider par ces menaces. Ils répondirent au Saint Père, que l'Election & le Couronnement d'un Roi de Pologne n'ayant aucun rapport à la Religion, ne dépendoient pas de son autorité ; & que les Evêques n'étant pas considérés à cet égard comme Ecclésiastiques, mais comme Sénateurs du Ro-

yau-

yaume, ne pouvoient encourir de blâme en se conformant aux loix de l'Etat. Ils se plaignoient amèrement de ce que contre tout droit on détenoit prisonnier à Rome l'Evêque de Posnanie qui étoit Sénateur du Royaume, & demandoient son élargissement. Ils finissoient en priant le Pape de ne pas s'ingérer des affaires de Stanislas, qui avoit été élu Roi par une Nation jalouse de ses privilèges & de sa liberté.

La Noblesse du Palatinat de Sandomir qui avoit tenu une Diète en faveur d'Auguste, découragée par son absence, entra dans la Confédération, & déclara nulles les conclusions prises à Sandomir contre les Confédérés.

Pendant que les Diètes particulières s'assembloient dans les Provinces pour délibérer sur l'alliance projettée entre la Suède & la Pologne, on échangea contre les Saxons les deux Officiers Suédois prisonniers. Le Général Horn qui fut échangé contre le Général Allard, se rendit auprès du Roi de Suède à Ravits, où il avoit toujours son quartier. Charles fut charmé de revoir un Officier qu'il estimoit, & qui s'étoit signalé dans toutes les occasions.

Quel-

Quelques jours après son arrivée le feu prit un matin à une maison voisine de celle qu'occupoit le Roi. Y étant accouru aussi-tôt avec le Prince, il ne se contenta pas de donner des ordres pour arrêter l'embrasement, mais il monta lui-même dans un appartement qui étoit tout en feu. Les Gardes allarmés du péril qu'il couroit, le conjurèrent de se retirer; mais Charles qui ne connoissoit point de danger, ne fit pas seulement attention à ce qu'ils lui disoient. Ceux qui regardoient d'en-bas, saisis d'une frayeur mêlée d'admiration, n'osoient s'engager dans un endroit aussi périlleux pour en arracher le Roi. Le feu alloit s'étendre dans toute la maison, & avoit déja gagné l'escalier. Le Prince pourtant se hazarda à le monter, & porta enfin le Roi à se sauver. A peine fut-il sorti de la maison, que l'appartement qu'il venoit de quiter s'écroûla tout embrasé. En même tems une échelle étant tombée sur lui le renversa par terre. Il se releva d'abord sans qu'il parût d'altération sur son visage, & dit avec beaucoup de tranquillité à ceux qui l'environnoient, *cela n'est rien.* Quelque peine que le Roi se donnât avec ſes gens pour éteindre le feu, cependant plus de vingt maiſons furent réduites en cendres en péu d'heures. Quelques jours après le feu prit encore une fois dans la ville; mais ne cauſa pas de dommage conſidérable. On ne put pas alors découvrir la cauſe de ces incendies. Perſonne ne ſoupçonna que quelqu'un y eût mis le feu à deſſein, & eût voulu attenter à la vie du Roi; ce ne fut que deux ans après qu'on l'apprit. Un Inconnu s'étant rendu au camp Suédois fit demander au Roi une audience particulière, aſſurant qu'il avoit un ſecret important à révéler à Sa Majeſté. Charles ordonna qu'on l'introduiſît. Cet homme lui avoua qu'ayant été ſuborné à force d'argent, il avoit mis lui-même le feu à Ravits, dans le deſſein de l'aſſaſſiner pendant le tumulté: que s'étant approché de lui durant l'incendie, il avoit été ſur le point de lui plonger le poignard dans le ſein; mais que dans ce moment les forces lui ayant comme manqué tout d'un coup, ſon bras avoit refuſé de ſe prêter à une action ſi exécrable. Il ajouta que les remords continuels dont il étoit tourmenté, l'avoient porté à lui venir faire

l'al'aveu de son crime. Charles ne fut point ému de cette nouvelle, & regardant cet homme comme fou il lui laissa la liberté de se retirer.

Au commencement de Juin le Roi donna des ordres pour l'ouverture de la campagne, & alla lui-même accompagné du Prince faire la revue des troupes dans leurs différens quartiers. Pendant un mois qu'il fut occupé à cela, il ne cessoit d'aller jour & nuit de son quartier aux Régimens. Dans ces courses continuelles, il arriva plusieurs petits accidens au Prince. Il tomba une nuit dans un marais & s'y enfonça si avant, que le Roi fut obligé de l'aider à en sortir. Il remonta à cheval & se rendit au quartier tout mouillé & couvert de boue, où il n'arriva que le lendemain à six heures du matin, sans être incommodé de sa chute.

Pendant ce tems-là les Armes des Suédois prospéroient en Courlande. Le Général Lévenhaupt remporta une importante victoire sur les Moscovites; le Général Schermetof qui les commandoit, avoit une Armée de 20000 hommes, 14000 de Cavalerie, 4000 d'Infanterie, & 2000 Cosaques.

L6

Lévenhaupt n'avoit qu'un Corps de 7000 Suédois. Schermetof s'avança le long de la Dune pour livrer bataille aux Suédois; mais il fut prévenu par le Général Suédois, qui ayant rangé ses troupes sur deux lignes, fondit sur l'Armée ennemie avant qu'elle fût en ordre de bataille. Les Moscovites furent d'abord enfoncés à une aile avec perte de plusieurs des leurs. Cependant quelques Escadrons & Bataillons de ceux-ci ayant passé la rivière à laquelle l'aile gauche des Suédois étoit appuyée, la prirent en flanc & par derrière à travers le bagage, & l'ayant chargée avec beaucoup de furie la mirent en désordre. Lévenhaupt, qui se voyoit enveloppé de tous côtés, vola aussi-tôt au secours de l'aile gauche à la tête de quelques Régimens, & l'ayant ralliée repoussa & mit en fuite la Cavalerie ennemie, & fit un terrible carnage de l'Infanterie. L'aile droite des Suédois ne combattoit pas avec moins de succès. Accoutumés à vaincre, ils redoublèrent leurs efforts contre des Ennemis qui leur étoient fort supérieurs en nombre. Ils semèrent en peu de tems le champ de bataille de corps morts des

Mos-

Moscovites; & ayant fait plier ceux qui restoient, achevèrent de les mettre en desordre, & les poursuivirent pendant longtems. Cependant quelques troupes ennemies qui étoient dispersées, revinrent encore à la charge. Cette nouvelle attaque ne servit qu'à augmenter leur perte & le triomphe des Suédois. Un grand nombre fut taillé en pièces, & le reste chercha son salut dans la fuite. Les Moscovites perdirent dans cette bataille 7000 hommes, tous leurs bagages, 13 canons, & plusieurs drapeaux. La victoire couta aux Suédois 7 à 800 hommes, du nombre desquels étoient un Colonel, deux Lieutenans-Colonels, deux Majors, & quelques Capitaines. Le combat dura cinq heures entières. Lévenhaupt par le gain de cette bataille se fraya le chemin de Riga, dont le Czar vouloit faire le siège, & se hâta d'aller camper sous le canon de cette ville, pour la défendre contre les attaques de l'Ennemi. Le Czar pour se venger de la perte qu'il venoit de faire, fit inhumainement massacrer tous les Officiers Suédois qu'il avoit fait prisonniers à Mitrau.

Quoique Charles XII eût résolu de

ne prendre aucune connoissance des Affaires étrangères pendant le tems de la revue de ses troupes ; il reçut cependant la visite du Prince de Béveren & du Prince Charles-Léopold de Mecklenbourg-Schwerin, & des Duchesses de Strélits & de Bernstatt, qui venoient pour terminer quelques affaires d'intérêt. Le Prince de Mecklenbourg servit pendant quelque tems dans l'Armée, & accompagna le Roi dans ses expéditions jusqu'à l'entrée des Suédois en Saxe. Un Prince Italien de la Maison de Mazarin, se rendit aussi au quartier de Charles : il embrassa la Religion Protestante, & obtint une pension du Roi. Il n'en jouit pas longtems ; les fatigues de la guerre auxquelles il étoit peu accoutumé, lui causèrent une maladie dont il mourut deux ans après.

Le Prince de Saxe-Gotha qui étoit au service de Charles depuis plusieurs années, fut obligé de quiter l'Armée Suédoise. Il eut querelle avec le Général Lagercrone à l'occasion de la nation Saxonne, dont il défendit l'honneur avec zèle. S'étant à ce sujet battu en duel avec ce Général, il quita secrettement l'Armée Suédoise, & entra

au

au service de l'Empereur. Ce qui engagea le Prince de Gotha à se retirer,
ce fut la crainte d'être vû de mauvais
œil du Roi de Suède, qui avoit défendu les duels sous de très sévères
peines, & même sous peine capitale,
comme on en vit un exemple quelque
tems après. Deux Officiers Suédois se
battirent en duel, & furent condamnés
à mort : néanmoins ils ne subirent pas
cette peine ; elle fut commuée en un
bannissement de trois ans hors du Royaume.

Cependant les Etats de Pologne s'é-
tant assemblés à Varsovie, se dispose-
rent à commencer l'ouverture de la
Diète. Charles pour les mettre à couvert de toute surprise de la part des Ennemis qui étoient aux environs de la ville, donna ordre au Lieutenant-Général
Nierot de s'en approcher avec quelque
Cavalerie. Le Roi Stanislas s'y rendit pour animer les Etats par sa présence. Il partit avec les Ambassadeurs
Suédois sous l'escorte de quelques Régimens d'Infanterie.

Le Général Nierot ayant eu avis que
les Ennemis qui campoient au-delà de
la Vistule venoient d'être renforcés de

4000

4000 Polonois de l'Armée de la Couronne, sous les ordres du Général Paykel, envoya un Officier avec 180 chevaux pour les reconnoître. Celui-ci s'étant approché de la rivière, apperçut une partie des Ennemis qui venoient de la passer. Il les attaqua aussi-tôt à la tête de sa petite troupe avec beaucoup de bravoure, mais avec peu de succès. Il fut tué par le feu de la mousquetterie Saxonne avec tous les siens, à l'exception de deux ou trois, qui s'étant sauvés en allèrent porter la nouvelle au Général Nierot. Les Ennemis animés par ce petit avantage s'avancèrent vers Varsovie, dans le dessein de troubler la Diète & d'en enlever les membres. Ils étoient forts de 4000 Saxons & de 6000 Polonois, commandés par les Généraux Schulenbourg, Paykel, & le Prince Wiesnowisky. Quoique Nierot n'eut que 2000 hommes de Cavalerie & 90 Fantassins, il résolut pourtant de leur aller au devant. A huit heures du matin les Saxons commencèrent l'attaque, les Polonois les suivirent, & vinrent prendre à dos les Suédois qu'ils enveloppèrent, de manière que les Colonels Cruse

&

& Burenſchild qui commandoient aux
deux aîles, ne pouvoient s'envoyer du
ſecours. Quelques Eſcadrons Suédois
qui ſe voyoient attaqués de tous côtés
par un monde d'Ennemis, furent mis
en deſordre, mais ils ſe rallièrent bientôt. Enfin après un long combat, les
Saxons qui faiſoient l'aile gauche plièrent & furent mis en déroute. Cependant Burenſchild avoit encore ſur les
bras la plus grande partie des Ennemis,
dont il étoit fort preſſé; mais ayant reçu un ſecours de 60 Fantaſſins, il reprit courage, fit reculer les Polonois,
qui prirent auſſi-tôt la fuite du côté de
la Viſtule. Les Tartares & les Coſaques qui s'étoient jettés ſur le bagage,
furent auſſi enfoncés & mis en fuite
avec une perte conſidérable. Le combat dura depuis huit heures du matin
juſqu'à deux heures de l'après-midi.
Le Général Paykel, qui étoit Livonien
de nation, eut le malheur d'être fait
priſonnier par les Suédois, & de tomber au pouvoir de ſon ancien Maitre.
Nous rapporterons dans la ſuite de cette
Hiſtoire, quel fut le ſort de ce Général.

Durant le combat les Etats & les
Dé-

Députés des Provinces craignant que l'issue ne leur fût pas favorable, sortirent de Varsovie pour chercher un azile. Ils y rentrèrent aussi-tôt après la bataille gagnée. Les Saxons qui venoient d'être battus se retirèrent en Lithuanie, & laissèrent à la Diète la liberté de commencer ses sessions. Comme les affaires que l'on avoit à y traiter étoient très importantes, Charles XII pour les conduire à une heureuse fin résolut de s'approcher de Varsovie. Avant son départ il fit la revue de quelques Régimens qui étoient arrivés de Poméranie, & donna au Prince de nouvelles marques de son affection & de sa générosité. Il lui augmenta ses équipages, & lui fit payer de la caisse militaire une somme d'argent très considérable.

Le Roi ayant envoyé Benschild avec treize Régimens pour protéger ceux de la grande Pologne, partit de Ravits le 9. Août avec le reste de l'Armée, & vint le prémier jour à Grotoschin, où le Général Paykel fut transféré au camp Suédois. On lui trouva des Lettres qui découvroient les desseins de l'Ennemi. Le Czar devoit se rendre en personne le 20. Août à la tête d'une

Ar-

Armée de 40000 hommes près de Varſovie, pour troubler la Diète de concert avec les Saxons, & enfermer des deux côtés les troupes Suédoiſes. Le projet étoit très bien concerté. Il n'épouvanta pourtant pas Charles, qui ſouhaitoit au contraire que l'Ennemi en vînt à l'exécution. Il continua ſa marche avec tant de rapidité, qu'il arriva en peu de jours à Blonie où il aſſit ſon camp. D'abord après ſon arrivée il fit travailler à un pont ſur la Viſtule, afin de pouvoir aller à l'Ennemi, qui étoit campé près de Pultausk. Il ſe rendit enſuite avec le Prince à Varſovie, où il s'aboucha avec ſes Ambaſſadeurs, & leur donna de nouvelles inſtructions pour le ſuccès de ſes deſſeins à la Diète.

L'ouverture s'en fit ſur la fin d'Août en l'abſence du Cardinal Primat, qui étoit à Dantzig. Il fut prié par les Etats d'y venir préſider ; mais il s'en excuſa ſous prétexte de maladie, ne pouvant ſe réſoudre à ſacrer un Roi qu'il n'avoit pas voulu élire. L'Archevêque de Léopold prit ſa place. Ce Prélat qui craignoit le reſſentiment d'Auguſte & du Pape, auroit vu don-

ner avec plaisir cet emploi à un autre.
Il s'étoit d'abord caché dans un Couvent, pour se dérober aux sollicitations
des Etats; mais enfin ayant été découvert, il fut obligé de venir faire à la
Diète les fonctions du Primat. On créa
Sénateurs du Royaume le Sr. de Kalnic-
neck, & le Castelan de Siradie, à la
place de l'Evêque de Posnanie qui étoit
soit toujours prisonnier à Rome, & de
Lubomirsky qui avoit déserté le parti
des Confédérés.

L'ouvrage de l'alliance commença
par l'audience des Ambassadeurs Suédois chez le Roi Stanislas, qui les reçut en particulier pour éviter toutes
cérémonies inutiles. Le Général Hiord
lui présenta ses Lettres de créance, par
lesquelles Charles XII assuroit Stanislas
qu'il n'avoit rien tant à cœur que de
mettre fin à l'exécution de leur projet,
& que ses Ambassadeurs avoient ordre
d'y employer tous leurs soins.

Voici quelles étoient les propositions
de la Suède pour l'alliance projettée
avec la République. 1. Elle demandoit que l'alliance que le Roi & la
République de Pologne alloient contracter avec elle fût offensive & défen-

sive

fûrent contre Auguste & le Czar. 2. Que les Etats fixaffent un jour pour la cérémonie du Couronnement du Roi 3. Et qu'on rétablît la Maifon Sapiéha dans fes biens & dignités. La République de fon côté demandoit 1. que le Traité d'Oliva fût renouvellé. 2. Que l'on ne démembrât aucune Province du Royaume de Pologne. 3. Que la Suède n'y levât plus de contributions. Et 4. qu'elle lui rendît l'artillerie qui lui avoit été prife. On réfolut à la Diète de folliciter de nouveau l'élargiffement de l'Evêque de Pofnanie. On écrivit pour cet effet au Pape une Lettre, que l'on adreffa à la Reine Douairière de Pologne, qui étoit alors à Rome, & qui avoit beaucoup d'afcendant fur l'efprit du St. Père. Quoique l'on confentît unanimement au Couronnement du Roi, cependant il fut fujet à quelques difficultés.

Les Etats fcrupuleufement attachés aux Conftitutions du Royaume, qui deftinent Cracovie à la Cérémonie du Couronnement, ne pouvoient confentir qu'elle fe fît à Varfovie. Les Ambaffadeurs Suédois tâchèrent de furmonter

cet

cet obstacle. Ils répondirent aux Etats que ce n'étoit qu'une simple formalité, qui n'influoit point sur le bien de la Pologne. Que la conjoncture où se trouvoit la République, la nécessitoit à y déroger dans cette occasion. Et que d'ailleurs elle y étoit autorisée par le Couronnement de l'Epouse de Ladislas II, qui s'étoit fait à Varsovie avec le consentement des Etats. Ces raisons furent goutées des Polonois, ils sous-crivirent enfin à ce que l'on souhaitoit d'eux; mais ils firent insérer dans des Lettres circulaires, la clause expresse que cet exemple ne tireroit point à con-séquence pour l'avenir. Ils consenti-rent aussi à suppléer à leurs propres fraix aux Joyaux de la Couronne, qu'Auguste avoit enlevés de Craco-vie, & fixèrent la Cérémonie du Cou-ronnement au quatrième d'Octobre.

Le 3 de ce mois le Roi Stanislas se rendit à Varsovie, & jura d'observer les *Pacta Conventa*. Il fut couronné le lendemain avec beaucoup de pompe, par les mains de l'Archevêque de Léopold dans l'Eglise de St. Jean. Le Roi de Suède assista incognito avec le Prince à la cérémonie.

Ce-

Cependant on apprit à Varſovie que le Cardinal Primat venoit de mourir à Dantzig. Staniſlas nomma l'Archevêque de Léopold à ſa place, & Auguſte l'Evêque de Cujavie. Ce Prince pour tâcher de rétablir ſes affaires en Pologne, venoit de ſe rendre en Lithuanie par Dantzig & Konisberg, & s'étoit abouché avec le Czar. Il convoqua une Diète à Grodno pour raſſembler ſes créatures, dont le zèle parut ſe ranimer à ſa préſence. Ils promirent de lui être inviolablement attachés, & de ſe joindre aux troupes Moſcovites contre Staniſlas & les Suédois, comme auſſi de payer à l'Armée de Lithuanie le reliquat de ſolde qui lui étoit dû. Auguſte par ſon affabilité ſut attirer dans ſon parti pluſieurs Nobles Polonois, & pour ſe les conſerver il inſtitua en leur faveur l'Ordre de l'*Aigle Blanche.* Il ſe mit enſuite à la tête de ſes troupes renforcées des Moſcovites, & s'avança vers Varſovie, dans le deſſein de combattre Charles & Staniſlas. Il eut le bonheur de ſurprendre à Praag une garde avancée de Staniſlas qui étoit de 150 hommes, il en tailla en pièces une partie, & fit l'autre priſonnière; &

G 3

COR-

contraignit quelques Suédois à se retirer en-deçà de la rivière, dont il ordonna qu'on rompît le pont. Mais le Colonel Dahldorf tint ferme avec sa Brigade contre les Ennemis, & défendit le pont contre eux, jusqu'à ce qu'ayant été secouru par le Colonel Sigrot & le Régiment de Dahl, il les repoussa & les chassa jusqu'à Praag. Ils se retranchèrent dans les maisons, d'où ils firent un feu terrible sur les Suédois. Ils en sortirent ensuite, & vinrent se ranger dans la campagne en ordre de bataille, paroissant résolus de revenir à la charge contre les Suédois. Ceux-ci ayant été renforcés par quelques Régimens de Cavalerie les prévinrent, ils fondirent sur eux, les mirent en desordre, & les firent fuir jusqu'au-delà du Bug. Quatre-vingt Suédois furent tués dans cette rencontre, & 40 blessés ; le Colonel Dahldorf & le Major Wrangel furent du nombre des derniers. Le prémier qui avoit reçu un coup à la tête fut trépané, & se rétablit en peu de tems. Les troupes de Stanislas y perdirent deux pièces d'artillerie & cinq drapeaux. Le Roi de Suède & le Prince arrivèrent un moment après l'action. Ils

pas-

passèrent la nuit à Praag, crainte de surprise; mais ayant eu avis le lendemain que l'Ennemi s'étoit entièrement retiré, ils retournèrent à leur quartier. Cette petite perte que venoient de faire les Suédois, fut bientôt réparée. Le Palatin de Kiovie battit dans la grande Pologne, les Polonois du parti contraire, & les poursuivit jusques sur les frontières de Silésie, où il prit 500 prisonniers qu'il amena à Staniflas. Charles fit ensuite rompre les ponts qui étoient vis-à-vis de Varsovie, & en fit jetter d'autres plus bas, près du camp qu'occupoit l'Infanterie Suédoise.

Cependant les Etats travailloient fortement avec les Ambassadeurs Suédois à l'ouvrage de la paix & de l'alliance, & l'on résolut de mettre en sureté la Reine de Pologne, qui se retira à Stettin en Poméranie bien escortée. Elle fut accompagnée jusques chez la Princesse de Radzivil par le Prince de Wirtemberg & plusieurs Officiers-Généraux.

Quoique la saison fût fort avancée, le Roi de Suède étoit toujours dans son camp près de Varsovie, résolu d'y

at-

attendre la conclufion de l'alliance, &
de défendre les Etats jufqu'à leur fépa-
ration contre les infultes de l'Ennemi.
Il refta dans fa tente d'été malgré la rigueur du froid, & permit cependant à
fes troupes de bâtir des baraques pour
s'en garantir. Le Prince s'en fit faire
une avec une cheminée. Quelques-uns
pour fe mettre à couvert du vent, fe
creufèrent en terre des hutes, & les
couvrirent avec des planches ou du ga-
zon; mais ils n'y purent demeurer que
pendant le beau tems, les pluies qui
furvinrent inondèrent leurs fouterrains
& les en délogèrent. Le Roi feul expofé au vent & au froid dans fa tente,
fe contentoit de s'aller chaufer quelquefois au feu du corps de garde, &
de fe faire apporter la nuit dans fa tente
des boulets rougis au feu pour la rechau-
fer: mais ils répandoient une fi grande
puanteur, que peu de perfonnes euffent
pu la fupporter longtems. Il n'étoit
pas plus difficile pour le manger que
pour le logement. Comme fa cuifi-
ne étoit fort éloignée de la tente où il
mangeoit, les viandes que l'on fervoit
fur fa table étoient froides avant qu'on
les eût apportées; ce qui lui étoit auffi
in-

indifférent, que la délicateffe des mets. Il ne reftoit à table qu'un quart-d'heure, & ne buvoit jamais de vin.

Cependant l'alliance fe conclut entre la Suède, le Roi, & la République de Pologne. Elle fut ratifiée & fignée de la part des Polonois par 23 Députés tirés du Sénat & de la Noblefle, & par le Sécrétaire & le Notaire du Roi de Pologne; & de la part du Roi de Suède, par fes trois Ambaffadeurs. La Paix d'Oliva faifoit la bafe du Traité d'alliance entre les deux Nations. On y expofoit dans les préliminaires, les motifs qui avoient porté la République à détrôner Augufte, & à élire Roi Staniflas: Que comme Augufte étoit l'auteur de tous leurs maux par la guerre qu'il avoit portée en Livonie, ils avoient été obligés de le détrôner, pour rendre la paix à la Pologne & à la Suède, & de le regarder comme ennemi des deux Nations.

Dans les articles du Traité on déclaroit que tous ceux qui ne feroient pas hommage au Roi Staniflas, feroient punis comme rebelles; & l'on promettoit au contraire une amniftie générale à ceux qui fe foumettroient à fon obéis-

fance.

sance. Les deux Puissances promet-
toient de s'assister mutuellement contre
leur Ennemi commun jusqu'à la fin de
la guerre, & la République consentoit
que pendant ce tems-là le Roi de Suède mît ses troupes en garnison dans les
villes de Pologne, y fît des recrües, &
se servît des ports du Royaume. On
y infirmoit & annulloit les Decrets pu-
bliés contre la Maison Sapiéha, & contre les Polonois qui s'étoient d'abord
rangés du parti des Suédois. On promettoit de venger la mort de Michel
Sapiéha Grand Ecuyer de Lithuanie,
& de rétablir sa famille dans tous ses
biens. On accordoit de nouveau aux
Protestans le libre exercice de leur Religion, avec promesse de les protéger
contre tous ceux qui les persécuteroient
à ce sujet.

On dressa aussi un Traité de Commerce, qui consistoit en 22 points.
On y promettoit de régler ce qui concernoit les Postes, & les Monnoies,
& de raser le Port de Polange, situé
près de Mémel sur la Mer Baltique.

Le Roi Stanislas fit publier à Varsovie ce Traité de paix & d'alliance,
au son des trompettes & des timbales.

Les

Les Ambassadeurs Suédois se rendirent
ensuite auprès de Charles, & les E-
tats ne tardèrent pas à se séparer.

Le Roi de Suède se prépara à décamper de Blonie, pour aller au milieu des glaces chercher les troupes ennemies en Lithuanie, & achever de
les dissiper. Il envoya ordre au Général Stromberg, qui étoit près de
Cracovie avec un corps de troupes,
de le venir joindre incessamment. Charles partit le 8. Janvier 1706, passa la
Vistule à Varsovie, & vint à Okoi-
now où il campa. Cette marche fut
extrêmement pénible : le froid étoit si
grand, que le vin, le pain & autres
provisions se gelèrent. Plusieurs chariots du bagage qui étoient fort chargés s'enfoncèrent dans la glace. Cinquante hommes furent commandés pour
en dégager un qui appartenoit au
Prince, ils ne purent en venir à bout
qu'avec beaucoup de peine. Pendant
que Charles donnoit des ordres pour
cela, il tomba lui-même dans l'eau, on
fut obligé dans l'en retirer & de lui
donner d'autres habits. Il continua ensuite sa marche, & ayant traversé le
Bug vint à Tykozin, d'où il chassa

un

un détachement de Moscovites qui s'y étoient postés. Il passa à Sabludow, Grodeck, Krimky, & s'avança vers la ville de Grodno, près de laquelle les Saxons avoient pris leurs quartiers d'hiver. Les Vallaches Suédois en surprirent quelques-uns, qu'ils firent prisonniers de guerre. Le Roi arriva le 24. Janvier avec son Armée à Michalovits à une mille de Grodno, & y campa en attendant le bagage qui étoit demeuré derrière. Une partie s'égara pendant la nuit, & fut pillée par un parti Moscovite, qui se retira à Grodno avec son butin.

A la pointe du jour le Roi fit avancer la Cavalerie vers le Niemen, & le lui fit passer à une demi-mille de la ville. Il donna ordre à l'Infanterie de le traverser un peu au-dessus avec l'artillerie & le bagage, dans un endroit qui étoit fortement gelé. Deux mille Dragons Moscovites étant sortis de la ville, & étant descendus de cheval, s'approchèrent du fleuve pour en disputer le passage aux Suédois. Mais le Roi ayant essuyé leur prémier feu, s'avança avec le Prince à la tête de 600 Grenadiers; & répandit l'épouvante parmi eux. Ils là-

lâchèrent honteusement le pied, & s'enfuirent vers la ville, malgré l'avantage
du terrein qu'ils occupoient. Ils étoient
postés sur une hauteur d'où ils auroient
facilement pu accabler les Suédois, qui
pour les aller attaquer avoient été obligés de passer par un chemin extrêmement escarpé & raboteux. Le Prince
dans cette occasion se comporta avec
beaucoup de bravoure, & ne témoigna
pas moins de générosité. Un Volontaire Suédois, nommé de Saxo, qui
avoit été Capitaine au service de Moscovie, eut le malheur d'avoir son cheval tué sous lui d'un coup de fusil, &
d'être fait prisonnier. Le Prince
voyant le danger que couroit cet Officier d'être massacré impitoyablement par
les Moscovites qui ne font point de
quartier, vola aussi-tôt à son secours à
la tête de quelques Dragons, & après
quelques coups donnés le délivra heureusement des mains de l'Ennemi. La
Cavalerie Moscovite se joignit ensuite à
l'Infanterie près de la ville, & se rangea en ordre de bataille, comme étant
dans le dessein d'en venir aux mains.
Ils ne firent pourtant qu'escarmoucher
le reste du jour, pour empêcher le

pas-

passage du fleuve à l'Infanterie Suédoise, & au bagage qui défiloit avec beaucoup de lenteur. Il n'en put passer
avant la nuit qu'une petite partie, &
le Roi fut obligé de camper en plein
air avec toute l'Armée, exposé au
froid, & manquant des provisions les
plus nécessaires. Il fit allumer du feu ;
& pour se mettre un peu à couvert du
vent & de la fumée, fit élever une sorte de retranchement fait avec de la pail-
le. Il dormit quelques heures couché
auprès du feu, & passa le reste de la
nuit à faire la visite des Régimens, &
à observer les mouvemens des Ennemis
pendant ce tems-là.

Quelques Suédois enlevèrent aux
Moscovites plusieurs chariots chargés
de provisions de bouche, que l'on
conduisoit dans la ville. Dès-que tout
le bagage eût traversé le fleuve, le Roi
la fit investir. Les Ennemis mirent
aussi-tôt le feu à leurs magasins, une
partie de l'Infanterie se retira couverte
par la Cavalerie qui resta dans la ville
pour la défendre.

Charles étoit résolu de lui donner
assaut, il en fut cependant détourné par
un Général qui lui dit. „ Si VOTRE
„ MA-

,, MAJESTÉ veut m'ordonner d'atta-
,, quer la ville, je promets de la lui
,, livrer demain. Mais si l'avantage
,, qu'Elle en retirera en faisant la gar-
,, nison prisonnière de guerre, n'égale
,, pas la perte de vos meilleurs soldats
,, que cette place vous coutera, je
,, vous donne à juger, Sire, s'il con-
,, vient de vous en rendre maître. Mil-
,, le Moscovites que vous ferez prison-
,, niers, ne valent pas cent Suédois que
,, vous perdrez ". Le Roi goûta ce
conseil, & se contenta de tenir la ville
fortement bloquée. Il se rendit ensuite
à Scolupow à deux milles au-delà de
Grodno, & posta dans des villages
quelques Régimens tout autour de la
place. Auguste profita de son absence,
il se retira précipitamment avec la Cavalerie du côté de Varsovie, & laissa
Ogilvy avec le reste de l'Infanterie à
la défense de la ville.

Cependant la disette augmentoit tous
les jours dans l'Armée Suédoise; le peu
de vivres que l'on y avoit étoient si
mauvais que les maladies se répandirent
parmi les troupes. Le Roi Stanislas
n'en fut pas lui-même exempt, mais il
se rétablit en peu de tems.

Char-

Charles pour subvenir à la subsistance de l'Armée s'avança à Holawaza &
à Kamiunka, qu'il trouva déserts. Les habitans de ces villes & des villages d'alentour s'étoient enfuis à l'approche des
Suédois. Après bien des recherches,
on trouva leurs magasins de blé dans des
souterrains, où les Lithuaniens, de même que les habitans de la Russie Noire
& de l'Ukraine, ont accoutumé de
ferrer la plus grande partie de leurs provisions. Plusieurs soldats Suédois qui
les découvrirent, furent étouffés par les
vapeurs qui s'en exhalèrent tout d'un
coup.

Cependant la famine régnoit à Grodno, elle étoit toujours investie par l'Armée Suédoise qui lui coupoit tous les
convois, la plus grande partie de la garnison étoit morte de faim & de maladies.

Ogilvy qui y commandoit, fit quelques sorties avec ses Dragons, mais il
fut toujours repoussé avec perte par le
Général Mayerfeld & le Colonel Buren-
schild, de sorte que personne ne paroissoit plus sans être tué ou fait prisonnier.

Wiesnowisky qui étoit aussi en Lithuanie, forma le dessein de surprendre
les

les Polonois que commandoit le Palatin de Kiovie. Il écrivit pour cet effet une Lettre à Ogilvy, par laquelle il le prioit de lui envoyer quelques troupes : mais sa Lettre ayant été interceptée, fut portée au Roi Staniflas, qui envoya d'abord ordre au Palatin de Kiovie de prévenir Wiesnowisky. Il se prépara à obéir à cet ordre, & prit si bien ses mesures, qu'il tomba à l'improviste sur les Ennemis, les défit entièrement, fit plusieurs prisonniers, & leur enleva tout le bagage & trois canons.

Le Général Schimesky fut obligé de se sauver déguisé en paysan, & se retira en Courlande, où étoit le Général Baur avec 10000 hommes de Cavalerie Moscovite.

Le Général Cruse qui étoit allé en courfe avec 1300 chevaux, remporta auffi plusieurs petits avantages. Il battit d'abord un Capitaine Ruffien qui étoit Anglois de nation, & fit paffer au fil de l'épée quelques cens hommes qu'il commandoit. A Novivordt un Lieutenant avec 60 hommes de garnifon, ne paffa pas mieux son tems. A Duglovits il chaffa & pourfuivit 2300 Dragons Ruffiens, & en tua 60. Il prit à

Au-

Auguste trois Lieutenans & un Enseigne, prisonniers de guerre, & fit pas-
facrer tous les soldats Moscovites qui
étoient sous leurs ordres. Comme la
plupart des Officiers étoient étrangers
François, Ecossois ou Anglois, il leur
donnoit quartier & les faisoit prisonniers. Après avoir parcouru avec ce
parti 12 milles, & tué ou dissipé tout
ce qui s'étoit présenté devant lui, il se
reposa quelques jours, & revint à l'Armée avec quelques blessés, sans avoir
perdu un seul homme.

Le Roi décampa ensuite le 20. Février, & poussa plus avant en Lithuanie. Il vint à Zaludeck, petite ville
qui appartenoit au Prince Sapiéha. Il
y prit son quartier, & logea avec le
Prince dans un Couvent de François-
qui étoient extrêmement pauvres, &
qui observoient dans toute l'étendue de
la signification, un des principaux vœux
de leur vocation: ainsi l'on ne trouva
pas chez eux de quoi réparer la mauvaise chère que l'on avoit faite pendant
toute la campagne. Cependant l'Armée
se trouva bientôt dans l'abondance. Des
Marchands François de Konisberg lui
amenèrent plusieurs convois de vivres.

Des

Des Juifs lui en amenèrent aussi avec
d'autres marchandises pour l'entretien des
troupes. Ils rendirent aux Suédois de
grands services pendant tout le cours de
la guerre ; & quoiqu'exposés à être pillés par les Ennemis, ils ne laissèrent pas
de faire la plupart de très grands pro-
fits.

Les habitans de cette contrée profes-
sent la Religion Grecque, qui com-
mence sur les frontières de Lithuanie.
Elle s'étend dans la Russie Noire, la
Sibérie, l'Ukraine, & jusques en
Moscovie.

Charles s'arrêta quelque tems à Za-
lydeck pour laisser reposer ses troupes.
Les maladies causées par les fatigues d'u-
ne aussi pénible campagne enlevèrent
en peu de tems un grand nombre de
soldats. On apprit dans ce tems-là, à
l'Armée, que Renschild venoit de remporter près de Frauenstadt une victoire
complette sur les Saxons. Ce Général
avoit étendu ses quartiers d'hiver dans
la grande Pologne depuis Kosten jusques sur les frontières de Poméranie.
Ayant eu avis que Schulembourg venoit de passer l'Oder avec l'Armée Saxone, il rassembla aussi-tôt ses troupes
à

à Liſſa, & alla au devant de l'Ennemi
juſques ſur les frontières de Siléſie.
Schulembourg au contraire ayant pris
un détour s'avança juſqu'à Poſnanie,
pour couper à Renſchild toute communication de ſecours. Celui-ci rebrouſſa
chemin, & vint près de Frauenſtadt,
faiſant mine de craindre un engagement
avec l'Ennemi, qui lui étoit de beaucoup ſupérieur. Pour lui faire d'autant mieux prendre le change, il ſe
laiſſa même enlever quelques chariots de
bagage.

Les Saxons crurent effectivement à la
manœuvre des Suédois, en apparence
chancelante, qu'ils vouloient éviter le
combat ; & Schulenbourg réſolut de
s'avancer pour leur livrer bataille. Renſchild ſe prépara auſſi-tôt à les bien recevoir, & rangea en bon ordre ſes troupes, qui étoient compoſées de 12 Bataillons & de 37 Eſcadrons.

Les Saxons à la contenance aſſurée des
Suédois, virent bien qu'ils avoient été
leurs dupes : ils auroient alors bien ſou-
haité d'éviter eux-mêmes le combat,
quoiqu'ils fuſſent forts de 29 Bataillons
& de 40 Eſcadrons. De plus ils étoient
poſtés avantageuſement entre deux villages

lages près de Frauenstadt. L'Infanterie
étoit au centre, protégée par 31 pièces
d'artillerie & 44 petits mortiers, & défendue par des chevaux de Frise garnis
de fer. La Cavalerie étoit rangée sur
les deux ailes, & l'on avoit mis quelques compagnies dans les deux villages
pour favoriser la retraite de l'Armée en
cas de déroute.

Les Suédois commencèrent l'attaque
& s'avancèrent le fusil sur l'épaule à
cent pas de l'Ennemi, qui fit sur eux
un feu terrible de l'artillerie & de la
mousquetterie. Ils en essuyèrent trois
salves avec beaucoup de fermeté ; &
ayant arraché les chevaux de Frise, leur
aile gauche pénétra dans les retranchemens, & fut suivie du Corps de bataille sous la conduite de Mardefeld & de
Spare.

Les Ennemis qui faisoient l'aile droite étonnés de l'intrépidité des Suédois,
qui à travers un feu continuel avoient
forcé leurs retranchemens, commencèrent à plier, & furent mis en desordre
par une décharge faite à bout portant,
qui leur tua beaucoup de monde : cependant ils se rallièrent bientôt, & ayant
par une évolution formé un Bataillon
quarré,

quarré, ils se retirèrent en assez bon ordre dans les villages voisins, & de-là dans un bourg qui étoit au-delà de Frauenstadt. Pendant ce tems-là l'aîle droite des Suédois, commandée par Renschild, défit en peu de tems celle des Ennemis, qui lui étoit opposée. A la première décharge, 6000 Moscovites épouvantés quitèrent leurs rangs & reculèrent. Renschild ayant aussi-tôt fait écarter les chevaux de Frise, ouvrit le passage à la Cavalerie, qui alla fondre sur les Moscovites, & les tailla tous en pièces. Le reste de l'Infanterie ennemie ayant été enveloppé de tous côtés mit bas les armes, & demanda quartier. La Cavalerie Saxone après quelque résistance, fut enfoncée & mise en fuite; mais comme elle étoit très bien montée, elle se déroba à la poursuite des Dragons que Renschild avoit mis à ses trousses. Cependant toute l'Infanterie ennemie tomba entre les mains des Suédois, qui en moins d'une heure remportèrent la victoire, & défirent entièrement une Armée de 20000 hommes. Six mille restèrent sur le champ de bataille, 2 Généraux, 2 Colonels, 400 hauts & bas Officiers, & 7000 soldats furent faits pri-

prisonniers. Du côté des Suédois, il y en a 1400 hommes de blessés & 400 de tués, & parmi eux un Colonel & un Lieutenant-Colonel. Ce fut le 13 Février que se donna cette bataille.

Sur ces entrefaites Auguste, qui s'é-toit avancé avec 12000 hommes dans le dessein d'envelopper Renschild, ayant eu avis de la défaite de Schulembourg, craignit d'engager un combat. Il prit la route de Varsovie, & ensuite de Cra-covie, dont il fit réparer les fortifica-tions. Il envoya ordre à Smiegelsky, d'observer les troupes Suédoises, que Renschild avoit mis à Posnanie. La nouvelle de la victoire que ce Général venoit de remporter s'étant répandue en Lithuanie, attira dans le parti de Stanis-las une grande partie de la Noblesse de ce Duché, qui lui vint faire ses sou-missions. Le Prince de Radzivil, Chan-celler de Lithuanie, qui étoit enne-mi déclaré de la Maison Sapiéha, ne voulut pas se soumettre, & aima mieux laisser bruler & ravager par les Suédois les terres considérables qu'il avoit dans cette contrée, que d'abandonner les in-térêts d'Auguste.

Le Roi de Suède, peu après son ar-rivée

rivée à Zaludeck, donna ordre qu'on
conſtruiſît près d'Holovacza un pont
ſur le Niemen. Il s'y-rendit pluſieurs
fois pour en preſſer l'ouvrage, & courut un ſoir riſque de la vie en revenant
à ſon quartier, qui en étoit éloigné
d'une mille. Etant deſcendu de cheval
pour paſſer à pied le fleuve qui étoit
gelé, il vint à un endroit qui ne l'é-
toit que très ſuperficiellement, parce
qu'on en avoit coupé la glace quelques
jours auparavant, & tomba tout d'un
coup dans un trou, où il enfonça ſi fort
qu'on ne le pouvoit plus voir : cependant il ne perdit pas la tramontane, &
revint au deſſus de l'eau, en lutant de
toutes ſes forces contre le courant qui
étoit fort rapide. Le Prince ne balança pas un moment à aller dégager le
Roi du danger où il ſe trouvoit : il s'a-
vança vers lui, couché ſur le ventre &
ſuivi d'un Général ; & l'ayant pris l'un
par deſſous les aiſſelles, & l'autre par
ſon ceinturon, ils le tirèrent enfin hors
de l'eau après bien des efforts.

Le Général Steinbock qui étoit ſur-
venu, pâlit à la vue du péril auquel ſon
Maitre venoit d'être expoſé, & le pria
de venir dans ſon quartier pour ſe ſe-
cher

cher & fe repofer : mais Charles ne voulut pas, & lui répondit fuivant fa coutume, *the skader nitet*, cela n'eft rien,
& remonta à cheval pour fe rendre au
quartier-général, quoique l'eau dégou-
tât de tous côtés de fes habits. Il n'en
fut pas quite pour cet accident. Ayant
continué d'aller au galop comme à fon
ordinaire, & rencontré quelques chariots chargés de bois de charpente pour
la conftruction du pont, fon cheval s'a-
battit, de forte que Charles étant tombé fous un chariot, en auroit été mifé-
rablement foulé, fi l'on n'avoit d'abord
arrêté les chevaux qui le tiroient.

Il continua fa route fans faire paroître
la moindre émotion, & excita fi fort
fon cheval qu'il s'abattit encore une fois
près de Zaludeck & le renverfa fous lui,
de manière qu'on fut obligé de venir à
fon fecours pour le dégager. Quoique
le Roi ne fe trouvât pas incommodé de
ces chutes, il ne fortit cependant pas le
lendemain contre fa coutume, & donna
audience au Député de la Nobleffe de
Vilna. Le deffein de Charles avant de
quites la Lîthuanie, étoit d'achever de
mettre à la raifon les Mécontens. Il en-
voyâ dans cette vue le Lieutenant-Colo-

H
nel

nel Trautfeltem avec 450 chevaux à
Nefvits, ville qui appartenoit au Prince de Radzivil, pour donner la chaffe
à 1500 Cofaques qui y étoient en garnifon. Il s'acquita de fon expédition a-
vec beaucoup de fuccès: 300 périrent
par le fer des Suédois, une autre partie
par les flammes dans les maifons où ils
s'étoient retirés, 180 furent pris prifonniers, & le refte fe jetta dans un
Couvent, où il étoit très difficile d'a-
border. De-là il s'avança à Lakovits,
en délogea 2000 Cofaques, qui fe retirèrent dans la citadelle: il brula une partie de la ville, marcha enfuire à Novogrodeck, & ravagea fur la route les terres de tous ceux qui n'étoient pas Sta-
niflaiftes. Il fe joignit après cela au Colonel Creuts, qui avec 600 hommes de
Cavalerie obfervoit les Cofaques dans le
château de Lakovits, dont il avoit fait
le blocus, de façon qu'ils ne lui pouvoient pas échapper.

Le Prince pendant ce tems-là pour fe
defennuyer, alloit quelquefois à la chaffe de l'Ours. Il eut un jour le malheur
de s'enfoncer fi avant dans un marais,
qu'on eut beaucoup de peine à l'en tirer,

rer, & qu'on fut obligé d'y laisser son cheval.

Au commencement d'Avril on se prépara à décamper pour soumettre le reste de la Lithuanie, qui n'avoit pas encore reconnu Stanislas. Le Roi fit prendre les devans à quelques Régimens, qui passerent le Niemen sur le pont qui venoit d'être achevé. Ogilvi prit enfin le parti d'abandonner Grodno, & de se retirer avec le débris de ses troupes du côté de la Volhinie. Sur la route il garnit de soldats plusieurs postes pour disputer le passage aux Suédois; mais ils furent par-tout contraints de céder la place, & mis en fuite. Les Suédois trouvèrent en chemin plusieurs Moscovites, qui étoient morts de faim & de misère, & quelques malades qu'Ogilvi avoit été obligé de laisser derrière.

On apprit d'eux que la famine avoit fait un terrible ravage à Grodno pendant le blocus, que deux Généraux & près de 6000 hommes y étoient morts; qu'Ogilvi avoit fait couler à fond dans le fleuve l'artillerie & les munitions, & emmenoit avec lui un grand nombre de malades. Les Suédois furent touchés de compassion du triste état de ces ma-

lades,

lades, dont l'hideuſe maigreur offroit à la vue des ſquelettes vivans. L'emblême ſous lequel on repréſente la mort n'a rien de ſi affreux; ils n'avoient que la peau ſur les os, & étoient ſi extenués de faim qu'ils ne pouvoient marcher. Quoique les Suédois n'euſſent pas abondance de vivres, il les aſſiſtèrent cependant, & leur firent tout le bien qu'ils purent.

Le Roi de Suède partit avec le reſte des troupes de Zaludeck, le 14 d'Avril. Le Prince ne put le ſuivre de près, à cauſe d'un malheur qui lui étoit arrivé le jour précédent. Un cheval lui ayant donné un coup de pié à la cuiſſe le renverſa par terre, de ſorte qu'il ne pouvoit marcher ſans reſſentir de violentes douleurs. On lui conſeilla pour ſe ſoulager, de ſe ſervir d'un caroſſe dans la route; mais comme le Prince n'ignoroit pas que le Roi voyoit avec peine qu'on ſe ſervît en campagne de ces ſortes de commodités, il aima mieux ſe faire mettre à cheval, & s'y faire ſoutenir, afin de ne pas paſſer dans l'eſprit de Charles pour aimer ſes aiſes. Il ſe rétablit cependant en peu de jours, & fut en état de monter à cheval ſans le ſecours de per-

personne, & d'accompagner le Roi dans
ses courses. On fit dans la prémière
journée environ six milles. Après avoir
traversé le Niemen on passa par Skura,
& l'on vint camper le soir près de Blézé-
nits. La marche fut extrêmement pénible; les troupes manquoient de provisions, & les chevaux de fourage; le
terroir de ce Canton étoit si gras & si
argilleux, que tout le bagage s'embour-
ba. Le Roi à qui ces contretems ne
firent point changer de résolution, fut
obligé de s'arrêter pour faire tirer des
bourbiers les chariots de bagage : ce ne
fut qu'après des peines infinies qu'on
en vint à bout, & on y employa cinq
jours entiers. Charles continua sa route le 20, à travers des marais presque
impraticables ; les troupes ne purent
faire qu'une mille dans tout le jour avec
beaucoup de peine.

On trouvoit par-tout des villages a-
bandonnés par les habitans & pillés par
les Ennemis, qui avoient emporté toutes les provisions. Le Roi cependant
persista dans le dessein d'achever la ré-
duction du parti contraire, & tira pour
cet effet vers la Volhinie, où il espéroit
trouver de quoi subvenir à la subsistan-

ce de l'Armée. Les mauvais chemins, qui de-là jufqu'à Kiow, ou Kiovie, paroiffoient impratiquables à une Armée, à caufe des marais profonds dont ils font entrecoupés, ne l'arrêterent pas un feul moment. Il vint à Kofanna, ville qui appartenoit au Général Sapiéha, ou au Grand Maréchal. Il ne trouva que quelques Juifs dans cette ville, qui avoit été ruïnée de fond en comble, de même que la citadelle, par le parti d'Oginsky. De-là Charles entra dans la Poléfie, où les plus illuftres Maifons de Lithuanie ont des biens très confidérables, favoir les Familles Sapiéha, Radzivil, Wiesnowiski & Oginsky. Les villes de cette contrée font généralement mieux fortifiées qu'en Pologne; elles font la plupart défendues par de bonnes forterefles, qui pendant le cours de la guerre avoient été rafées par les Ennemis. On trouva cependant à Halba qu'ils avoient épargnée, une grande abondance de provifions & de rafraichiffemens, dont l'Armée avoit grand befoin après une longue marche & une difette de plufieurs jours. Cette ville appartenoit au Starofte Pobrusky, qui étoit de la Maifon Sapiéha.

Le

Le Roi y établit son quartier-général, & y ayant laissé sa Cour, s'avança accompagné du Prince, & à la tête de deux Bataillons de ses Gardes vers la rivière Jusiolda, dont le passage paroissoit difficile. Quinze cens Dragons Moscovites en gardoient les bords de l'autre côté, & s'y étoient retranchés. Charles fit approcher quelques pièces d'artillerie pour les en chasser; & animé à la vue des ennemis, il se jetta en même tems dans l'eau, suivi de son monde, pour traverser la rivière à la nage & charger les Moscovites. Ceux-ci autant surpris de se voir attaqués, que de l'intrépidité de Charles, prennent l'épouvante; & ne songeant pas seulement à disputer le terrein, abandonnent leurs postes, & se mettent à fuir de toutes leurs forces. Le Roi, maitre du pont que les Moscovites avoient bâti sur la rivière, se hâte de la passer avec son Infanterie. Il trouva de l'autre côté douze Russiens de tués, & un Capitaine François de nation qui avoit été mortellement blessé: un boulet lui avoit emporté un bras, & il avoit reçu un coup de mousquet dans le côté. Cet Officier pria fort instamment qu'on lui fît

voir

voir le Roi, & dès-que le Prince le lui eut montré, il expira. Quoique le Roi fût fort mouillé de-même que le Prince, il ne voulut point changer d'habit, & remonta à cheval dans cet état; & après avoir mis des gardes en différens postes, il revint le soir au quartier-général. Il en partit le lendemain avec ses troupes, & vint près de Béréza, située sur le Jasiolda. Il logea dans un Couvent de Chartreux, & s'y arrêta pour célébrer selon sa coutume un jour de jeûne & de prières.

Ce Couvent étoit considérable par son opulence, & par la beauté & la magnificence de son bâtiment, dont l'agréable situation auroit pu inspirer du goût pour la retraite. Il étoit situé au milieu d'un grand bois de haute futaie, à un quart de mille de Béréza qu'il avoit en perspective, & étoit environné de plusieurs beaux villages. Il ne se ressentoit point-du-tout des horreurs de la guerre, & étoit pourvu de toutes les commodités qui peuvent faire couler dans le repos une vie douce & agréable. Il avoit été fondé par un Prince de la Maison Sapiéha, qui l'avoit consacré à la Vierge Marie. Le Roi n'y demeura

qu'un

qu'un jour., & vint le lendemain à Chombs, après avoir paſſé près de Szabern, forterelle qui appartenoit à Wiesnowisky, ſituée dans un marais, de ſorte que l'abord en étoit fort difficile. Outre de bons baſtions dont elle étoit défendue, elle avoit 40 pièces de groſſe artillerie. Comme les chemins étoient fort mauvais, chacun choiſiſſoit celui qui lui paroiſſoit le plus pratiquable; ce qui fit que quelques Courtiſans qui étoient au nombre de ſeize, s'égarèrent de la droite route en s'approchant de Szabern, & rencontrèrent un parti de 70 hommes détachés par Poiziers, qu'Auguſte avoit élu Grand Tréſorier de Lithuanie, à la place de Sapiéha. Auſſitôt que nos ſeize Suédois ſe furent approchés de ce parti, ils le ſommèrent hardiment de ſe rendre priſonniers. Ils n'y voulurent pas d'abord conſentir; mais voyant que le nombre des Suédois augmentoit, ils mirent bas les armes volontairement. Le Roi retint priſonniers les Officiers, & accorda aux ſoldats la liberté de ſe retirer, après leur avoir fait couper d'un côté la barbe, & fendre leur habit juſqu'à la ceinture, pour les reconnoître plus facilement, & les faire

H 5   pen-

pendre au cas qu'ils repriſſent les armes contre les Suédois.

Le Roi ſe rendit enſuite à Pinsk, après deux journées de marche. Cette ville eſt la plus conſidérable de la Poléſie après Breſſici qui en eſt la capitale. Elle eſt ſituée au milieu d'un marais que l'on prendroit pour un lac; à cauſe de ſa grande étendue, puis qu'il va juſqu'à Kiovie. Pluſieurs petites rivières le traverſent, dont la principale eſt la Pina, ſur laquelle les Moſcovites ſe dérobèrent à la pourſuite des Suédois, par le moyen d'un grand nombre de radeaux.

Les Jéſuites ont dans cette ville un beau Collège & une Apoticairerie, ce qui eſt fort rare dans toute la Lithuanie, de même qu'en Pologne. Le plus grand nombre des habitans ſont Grecs ou Juifs, qui ont libre exercice de leur Religion.

Charles qui ſouhaittoit d'aller à la pourſuite des Moſcovites, monta au Couvent des Jéſuites, ſitué ſur une hauteur, pour obſerver les environs; mais n'ayant découvert qu'une grande étendue d'eaux, il dit : *C'eſt ici le non plus ultra.*

On ne lira dans nulle Hiſtoire de Pologne que juſqu'alors aucune Armée en-

ennemie eût poussé jusques-là ; & les habitans ne le crurent possible, que lorsque les Moscovites chassés de tous côtés, leur annoncèrent l'arrivée de l'Armée Suédoise.

Le Roi impatient de quiter cette contrée, donna des ordres de faire accommoder les chemins pour faciliter la marche des troupes. Sur ces entrefaites il eut avis de la défaite d'un Corps de troupes Moscovites battus par les Suédois, que commandoit le Colonel Creuts. Voici comment cette action se passa.

Les Moscovites ayant formé le dessein de jetter du secours dans le château de Lakovits, que le Colonel Créuts tenoit bloqué, s'avancèrent dans cette vue avec quelques milles Russiens & Cosaques. Creuts informé à tems de la marche de l'Ennemi, commit au Lieutenant-Colonel Trautfetter la direction du blocus, & marcha avec 600 Chevaux & quelque Infanterie pour surprendre les Moscovites. Il vint pendant la nuit près de Klets où ils étoient postés, & ayant rangé ses troupes en bon ordre, il fondit tout-à-coup sur eux l'épée à la main ; & après une demie

heure

heure de combat les mit dans un si grand defordre, que quelques-uns fe mirent à fuir à travers un marais qui étoit près de la ville, & s'y étant embourbés s'y noyèrent ou furent tués à coups de moufquet. Les Suédois pourfuivirent avec tant de vicacité une partie des fuyards, qu'ils en taillèrent en pièces ou en écraferent un grand nombre, fur le pont qui communiquoit à la ville; de forte que Creuts ne pouvant la paffer fut obligé de faire jetter dans l'eau les corps morts dont le pont étoit couvert, & pourfuivit le refte des Ennemis qui s'étoient réfugiés dans la ville, où ils furent maffacrés dans les maifons ou dans les fours où ils s'étoient cachés. Les Ennemis perdirent dans ce combat 4000 hommes tués fur la place, parmi lesquels on trouva le Chef des Cofaques. On fit quartier au Général Ruffien qui fut bleffé au bras, à un Colonel des Cofaques, à un Capitaine & à 70 foldats. Les Suédois prirent 4 canons de fonte, 16 drapeaux & étendarts, & 8 timbales.

Cependant les Affiégés à Lakovits firent plufieurs forties qui leur réuffirent, & tuèrent bien du monde aux Suédois.

ce qui engagea Trautfetter à en donner
avis à Creuts, qui ne s'étant reposé que
deux heures à Kleta, se hâta de la venir renforcer avec quelque peu de troupes, pendant que le reste suivoit à petits pas. Les Assiégés le voyant arriver
avec si peu de soldats, le tinrent déjà
pour battu, & en témoignèrent leur joie au
son des trompettes & des timbales. Mais
lorsque les autres Régimens furent arrivés avec l'artillerie, & que l'on eût
dressé les batteries & fait toutes les dispositions pour faire un siège régulier,
les Assiégés n'en voulant pas courir les
risques, demandèrent à capituler. On
leur déclara qu'on ne vouloit les recevoir qu'à discrétion. Ils furent donc o-
bligés de se rendre au nombre de 1361
prisonniers de guerre aux Suédois, qui
se saisirent de 9 canons & de 9 drapeaux.

Aussi-tôt après cette nouvelle, Charles se prépara à réduire toutes les villes
d'alentour. Dans cette vue il se rendit
en différens endroits, sans en rien dire à
personne qu'au Prince, pour donner lui-
même des ordres, & faisoit souvent 30
milles en 24 heures. Il partit une fois
à deux heures de la nuit avec le Prince,

pour

pour se rendre à Lukovies où étoit le
Colonel Creuts. En sortant du quartier
ils furent poursuivis par les Gardes du
Corps, qui les prirent pour des Ennemis, & qui revinrent sans avoir pu les
atteindre. Dès-que le Roi fut arrivé à
Lukovies, il en fit raser les fortifications
à l'exception du château, qui appartenoit à Sapiéha. De-là il alla accompagné du Prince & du Colonel Creuts à
Klets, pour voir le champ de bataille. Il
accorda la permission à un Lieutenant-
Colonel qui étoit prisonnier de guerre,
de se rendre à Névits, & fit aussi-tôt
sommer cette forteresse, avec menace de
faire passer toute la garnison au fil de
l'épée, si elle faisoit le moindre résistance. Le Commandant après avoir demandé une heure pour délibérer, ouvrit les portes de la ville au Roi, & se
rendit prisonnier de guerre. Cette place
étoit une des meilleures forteresses de la
contrée. Elle étoit flanquée de quatre
bastions, environnée d'une double contr'escarpe, & bien pourvue d'artillerie.

Charles fit enclouer un grand nombre
de pièces de fonte & quelques-unes de
fer, qu'il trouva dans la place : il envoya

voya à la découverte plusieurs partis,
qui achevèrent de bruler & de ravager
dans ce Palatinat les biens & les terres
qui appartenoient à Radzivil, & qui a-
voient l'étendue d'une grande Principauté. Le Roi s'avança ensuite avec
le Prince vers Sluzk, dont les habitans
lui ouvrirent d'abord les portes. C'est
une des plus grandes villes du Pays. Elle appartenoit alors à Charles-Philippe
Electeur Palatin de la Maison de Neu-
bourg : il l'avoit héritée de sa prémière
époufe, qui étoit une Princesse de Radzivil. Le Roi après quelques jours d'absence, revint avec le Prince au quartier
général sans suite ni domestiques, comme il en étoit parti. Etant obligés de
traverser un grand lac dans leur route,
ils ne trouvèrent personne qui les
pût passer, & résolurent de se servir
d'un petit bateau qu'ils découvrirent a-
près bien des recherches. Le Roi comme le plus expert dans la navigation prit
la rame, & le Prince tint par la bride
les chevaux, qui suivirent le bateau à la
nage, & qui effrayés de ne voir que de
l'eau ayant perdu la terre de vue, ne vouloient plus avancer, & agitoient de côté & d'autre le bateau. Le Prince fut

obligé

obligé d'employer toutes ses forces pour les faire obéir, jusqu'à ce qu'ayant découvert la terre ils avancèrent d'eux-mêmes, & tirèrent le bateau sur le bord du lac, d'où le Roi se rendit heureusement avec le Prince au quartier-général.

Szabern que les Suédois tenoient bloquée, ne tarda pas à suivre l'exemple de Névits, & se rendit au Roi Stanislas. On y fit prisonniers 700 hommes de garnison, que l'on relâcha cependant peu après, mais avec menace expresse de les faire pendre sans quartier, si on les surprenoit les armes à la main contre le Roi Stanislas. On travailla ensuite à raser la forteresse, & on réduisit ses maisons en cendres.

Charles ayant soumis les places les plus considérables de cette contrée, résolut de la quiter après avoir laissé reposer ses troupes, & de s'avancer vers la Volhinie. Il détacha 4 Régimens sous les ordres du Général Mayerfeld pour aller à Breslici & aux environs, réduire encore quelques mécontens, & pour tenir en même tems libre le passage de la Lithuanie dans la Pologne.

Au

Au commencement de Juin 1706, le Roi fit partir les Quartiers-Meſtres de l'Armée pour examiner les chemins, & marquer la marche des troupes juſqu'en Volhinie. Peu de tems après il partit de Pinsk avec ſa Cour, après en avoir brulé le fauxbourg & le château que Wieſnowisky avoit fait bâtir nouvellement. Durant la marche de l'Armée Charles XII ſe rendit encore une fois à Szabern, pour preſſer le raſement des fortifications de cette ville. Le Prince qui l'accompagnoit eut encore le malheur d'enfoncer ſi fort dans un marais, qu'on eut beaucoup de peine à l'en tirer & à lui ſauver la vie. On détacha de l'Armée quelques Régimens pour aller ravager les terres de Wieſnowisky, qui en avoit de très conſidérables dans ce Palatinat. On eſpéroit le forcer par-là à embraſſer le parti de Staniſlas; mais les maux de la guerre ne purent ébranler la fidélité de ce Prince pour le Roi Auguſte: il réſolut de ſoutenir ſes intérêts, juſqu'à ce que ce malheureux Prince fût forcé de renoncer à la Couronne. L'Armée après avoir paſſé la rivière Pina, vint à Leſnuki ſur les frontières de la Volhinie. On fut obligé

bligé dans la route de faire souvent alte, pour bâtir dans les marais des ponts
qui facilitassent le transport du bagage.
Le Roi ne s'arrêta nulle part, & ayant
forcé la marche il arriva en peu de jours
sur les bords du fleuve Ster, qu'il passa à Rosièze, & vint camper le 19 de
Juin aux environs de Jaroslawitse, petite ville de Volhinie, après avoir dissipé & mis en fuite sur la route tous les
partis ennemis qu'il rencontra. Il résolut de s'arrêter quelque tems dans
l'endroit où il venoit de camper, & d'é-
tablir des magasins dans cette province
pour la subsistance de l'Armée, qui
profita de la grande quantité de grains
dont elle abonde. Elle est si prodigieu-
se, que les habitans non seulement en ont
fort au-delà de leur nécessaire, mais
qu'ils n'ont pas même assez de places pour
le serrer tout. Les Suédois n'avoient pas
encore trouvé de contrée aussi fertile
que celle-là : ils y amassèrent une grande quantité de vivres, pour se refaire
des fatigues de la plus pénible marche
qu'ils eussent faite pendant tout le cours
de la guerre.

Non loin de Jaroslawitse est une petite ville nommée Dubno, où le Prin-

et alloit souvent voir les Officiers qui
y étoient en garnison, & qui fut le terme fatal de ses exploits guerriers. Il
décéda trois ans après, de mort naturelle.

La Noblesse de ce Palatinat étoit extrêmement surprise de voir que le Roi
de Suède eût pu s'avancer jusques-là a-
vec toute son Armée, à travers plus de
50 marais qu'il avoit été obligé de passer. Quelques Nobles vinrent d'abord
faire leurs soumissions au Roi Stanislas.
Le Prince de Radzivil qui possédoit
de grands biens dans cette contrée, &
qui y étoit Souverain de Biala & d'Ol-
liká, deux villes considérables, craignant de les voir piller & bruler par les
Suédois qui s'en étoient emparé, ne
tarda pas à reconnoître Roi Stanislas, &
à embrasser son parti. Plusieurs Grands
de Pologne venoient de lui en donner
l'exemple, entr'autres, Jablonowsky Palatin de Russie, & son frère le Grand
Enseigne de la Couronne, qui quoique
frères de la mère du Roi Stanislas, é-
toient demeurés jusqu'alors attachés à
Auguste, de-même que Lubomirsky
Chambellan de la Couronne, & Obosny
Koronny son frère Grand Maréchal de
Camp.

Camp. Ces Seigneurs forcés de céder aux armes victorieuses des Suédois, vinrent se soumettre ; & ils reconnurent Stanislas pour leur Roi légitime, & en furent très favorablement reçus. Ils furent imités par le reste de la Noblesse de Volhinie, dont le Prince de Czatorinsky, issu de l'illustre maison des anciens Princes de Luzko, fut un des principaux. Ils firent hommage au Roi Stanislas par des Députés qu'ils lui envoyèrent. La Noblesse de Bressici en fit autant, voyant qu'il n'y avoit pas d'autre moyen de conserver leurs biens, que de fléchir sous les loix du Vainqueur. Mais à cette démarche forcée le Roi Stanislas ne compta pas beaucoup sur leur fidélité, & la suite ne fit que confirmer là-dessus ses conjectures. Le Prince Wiesnowisky pour sauver le reste de ses biens du pillage, feignit aussi de se soumettre, mais il mit sa réconciliation à des conditions qu'on ne voulut pas accepter ; ce qui fit qu'elle n'eut lieu qu'après la renonciation d'Auguste à la Couronne.

Pendant le campement on célébra dans l'Armée la naissance du Roi de Suède, il y eut ce jour-là deux Sermons ; mais

en

on ne vit d'ailleurs ni pompe ni magnificence, suivant l'inclination de Sa Majesté, qui étoit autant ennemie du luxe
que de la molleffe. Environ dans ce
tems-là un Exprès dépêché de la Cour
Impériale, arriva un camp Suédois pour
remettre au Comte de Sinzendorf, Envoyé de l'Empereur, des dépêches
dont il étoit chargé : mais cet Envoyé
qui s'étoit mis en route pour fe rendre
auprès de Charles, lui ayant donné a-
vis des propositions de la paix que fon
Maitre voudroit moyenner entre les Suédois & le Roi Auguste, avoit été ex-
pédié en chemin ; parce que fa commif-
fion ne faisoit point mention de la renonciation d'Auguste à la Couronne de
Pologne. Ce Prince qui étoit alors à
Cracovie, ayant été auffi-tôt averti de
l'intention du Roi de Suède par fes plus
affidés partifans, fe propofa pour détourner ou du moins éloigner ce coup,
de faire une diverfion, & de s'avancer
avec fes troupes vers la Lithuanie. Il
efpéroit fatiguer & détruire infenfible-
ment l'Armée Suédoife par fes marches & contre-marches, & de la mettre
par-là hors d'état de rien entreprendre
contre lui en Saxe. Il l'avoit même déjà fort haraffée par fes marches prefque

con-

continuelles de Cracovie à Varsovie, de
Varsovie dans la Ruffie, la grande &
petite Pologne, la Lithuanie & la Volhinie, à travers des fleuves & des marais presque impraticables ; de sorte que
s'il avoit pu continuer, il auroit entièrement affoibli les Suédois, sans être o-
bligé de tirer l'épée. Mais Charles
XII. ayant compris le deffein d'Augufte à fa manœuvre, réfolut pour passer plus à l'ombre, d'aller faire irruption
dans l'Electorat de Saxe, pendant qu'Augufte qui venoit d'abandonner Cracovie à l'approche des troupes que commandoit Renfchild, tiroit du côté de
la Lithuanie.

Avant que l'Armée fe mît en marche
pour la Saxe, le Roi de Suède fit une
promotion confidérable de Minifres &
d'Officiers-Généraux. Il nomma huit
Confeillers Privés, tant dans le Cabinet
que dans la Chancellerie ; & fit un Feld-
Maréchal, quatre Généraux ; quatorze
Généraux-Majors, dix-fept Colonels,
fans compter les Lieutenans-Colonels &
les Capitaines. Quoique le Prince Maximilien fentît combien il lui étoit a-
vantageux de fervir dans l'Armée comme Volontaire, & d'accompagner par-
tout le Roi dans fes marches prefque

tout en cette qualité le Roi de Suede, qui le distinguoit des autres Officiers, par une tendre affection & une grande confiance : cependant comme cette grande faveur lui avoit fait bien des jaloux, il auroit fort souhaité de servir dans les troupes avec le caractère de Colonel.

Le 24 Juillet l'Armée se mit en mouvement pour marcher en Saxe, & vint à Horodla, où elle passa le Bug. De-là elle se rendit à Bulawo, petite ville située sur la Vistule, qui appartenoit à Siniausky, Grand-Général de Pologne, de la nomination d'Auguste. Les troupes y traversèrent la rivière sans aucun empêchement, sur deux ponts que le Roi fit construire, & vinrent à Radom où elles séjournèrent quelques jours. Sur ces entrefaites le Comte de Sinzendorf, Envoyé de l'Empereur, se rendit à l'Armée Suédoise, & obtint de Charles XII une audience secrette. Il lui exposa, de la part de son Maître, l'allarme que la marche des troupes Suédoises en Saxe causoit à tous les Princes de l'Empire, & lui déclara que les liaisons que la Suède avoit avec la France, le rendoient suspect à l'Empereur dans la con-

joncjonĉture de la préfente guerre, que ce Monarque avoit à foûtenir contre cette Puiffance. Le Roi de Suède affura l'Envoyé qu'il n'en voulois ni à l'Empereur ni à l'Empire, & que l'alliance où il étoit avec la France, ne concernoit en aucune manière les démêlés des deux Puiffances belligérentes. Le Comte de Sinzendorf fe retira avec cette affurance, & en donna auffi-tôt avis à l'Empereur.

Peu après le Roi de Suède qui avoit établi fon quartier-général à Radom, réfolut de fe rendre avec un petit nombre de perfonnes à Uniénow, où campoit le Général Rehfchild à dix-huit milles de-là. Il partit à dix heures de la nuit avec le Prince de Wirtemberg & le Prince de Mecklénbourg, le Général Mayerfeld, un Ajudant-Général, deux Drabants, & un Guide Polonois. Etant entré avec fa fuite dans un bois qui étoit à trois milles de Radom, il rencontra un parti de 300 Polonois ennemis. Il crut que c'étoit les Valaches qui étoient à fon fervice, & qu'il avoit envoyés à la découverte. Les Polonois de même ne reconnurent pas d'abord les Suédois. L'Ajudant-Général

ral Cannifer leur ayant adreſſé la parole
en Polonois, reçut pour toute réponſe
une ſalve de mouſquetterie, & ſe vit
en même tems environné de toute la
troupe. Le Roi ne fut point dé-
concerté à la vue du danger d'être
pris priſonnier : il mit auſſi-tôt l'épée
à la main, & ſuivi des ſiens il ſe fit
jour avec ſa bravoure ordinaire à travers
les Ennemis. Ceux de ſa ſuite ayant auſſi
échappé aux Polonois, s'écartèrent les
uns des autres en fuyant. Le Roi a-
yant été pourſuivi par les Ennemis,
fut retardé dans ſa fuite par ſon cheval,
qui malheureuſement s'abattit dans une
ornière, mais ſans lui faire cependant
de mal. Il eut cependant aſſez de
tems pour ſe relever & remonter à cheval avant que l'Ennemi pût l'atteindre,
& ſe déroba heureuſement à ſa pourſuite. Il courut aux environs pendant le
reſte de la nuit, ſans pouvoir reconnoître les chemins. Cependant le Prince
Maximilien & le Général Mayerfeld
ayant enfilé le droit chemin, retournèrent à Radom, où ils arrivèrent à trois
heures du matin. Ils furent extrêmement allarmés de n'y pas trouve le Roi,
& dans la crainte qu'il n'eût été tué ou

I fait

fait prifonnier, ils envoyèrent auffi-tôt 200 Dragons pour le chercher de tous côtés. Pendant qu'on étoit occupé à le chercher par différens chemins fans le pouvoir trouver, il revint tout feul à la pointe du jour au quartier-général, & ne s'y arrêta que pour changer de cheval. Il en repartit avec fa fuite pour fe rendre à Uniénow, & ayant rencontré à deux milles de Radom, le détachement qui le cherchoit, il prit 50 hommes avec lui, & renvoya le refte à fon quartier. Il arriva à Uniénow fans aucune rencontre, & après avoir confirmé Renfchild Feld-Maréchal il revint le lendemain avec une nouvelle efcorte au quartier-général. Il le quita peu de tems après avec l'Armée, & ayant paffé la rivière Pilcza vint au bout de trois jours à Bérézini, qui eft éloignée de treize milles de Radom.

L'Armée y féjourna deux jours & y célébra le quatrième Jour de jeûne, fuivant la coutume que le Roi avoit établie; & s'étant remis en marche, il vint à Strikouwa, & fut joint par le Feld-Maréchal Renfchild avec fon Corps de troupes. Charles eut avis dans cette ville, que les Mofcovites l'ayant fuivi par la Volhinie, étoient

toient entrés dans le Palatinat de Lublin, où ils avoient attaqué un Lieutenant Suédois, qui étoit en parti avec quelques 40 hommes, & les avoient presque tous taillés en pièces ou faits prisonniers, & que le Lieutenant, après avoir reçu plusieurs blessures leur avoit échappé, & s'étoit retiré en-deçà de la Vistule pour se rendre au Corps de l'Armée. Le Roi ne fut point sensible à ce petit échec, mais il donna ordre au Général Mardefeld de s'aller poster à Kalish dans la grande Pologne, pour tenir les Ennemis en respect avec un détachement de l'Armée Suédoise composé de six Régimens de Cavalerie & Infanterie Allemande, de deux Bataillons Suisses, & d'un François. Ce Général eut ordre aussi de jetter dans Posnanie un Régiment d'Infanterie. Charles se remit ensuite en marche avec son Corps de troupes, & s'avança à grands pas vers les frontières de Silésie.

Le Roi Auguste ayant eu avis par une Lettre du Comte de Sinzendorf, du résultat de la conférence que cet Envoyé avoit eu avec le Roi de Suède, ne douta plus des desseins de Charles. Il se rendit incessamment de Lithuanie à

Dresde pour y donner quelques ordres, & retourna aussi-tôt à Novogrodeck rejoindre les Polonois qui lui étoient demeurés attachés.

Dans ce tems-là on découvrit une conspiration formée contre la vie du Roi Stanislas & du Feld-Marechal Renschild. On arrêta à l'Armée Suédoise cinq François, qui avouèrent avoir reçu une somme d'argent considérable pour commettre cet horrible attentat. Deux furent roués vifs, deux autres s'évadèrent de la prison, & le cinquième fut condamné à une prison perpétuelle.

Sur ces entrefaites un Prophète soi-disant arriva à l'Armée : il s'appelloit Breunlin, étoit né à Tubingue ; & étoit tailleur de sa profession. Il prédit aux Suédois une succession de merveilleux exploits & de brillantes prospérités. Personne n'ajouta foi à ses prétendues prophéties, que la suite des évènemens ne vérifia pas. Quelques-uns le regardèrent comme un fanatique, & d'autres avec plus de raison comme un fourbe.

Le Roi de Suède continua sa marche à grandes journées du côté de Saxe, il entra en Silésie le 1. de Septembre.

&

& ayant paſſé la rivière de l'Oder, il vint camper près de Steinau.

Charles XII pour arrêter les plaintes de la Maiſon d'Autriche, fit obſerver une exacte diſcipline à ſes troupes dans le paſſage de la Siléſie, qui apartient à l'Empereur; & pour écarter les ſoupçons de connivence où Sa Majeſté Impétiale & la plupart des Princes de l'Empire le croyoient avec la France, il renouvella à la Dière de Ratisbonne l'aſſurance, qu'il n'avoit point deſſein en venant en Allemagne avec une partie de ſes forces, de porter ſes armes contre l'Empereur & contre l'Empire, mais qu'il n'y venoit que pour mettre plus vite fin à la malheureuſe guerre de Pologne, qu'il eſpéroit terminer heureuſement dans peu, en tariſſant la ſource du mal. Il ajouta à ces repréſentations, qu'il ſe verroit obligé de traiter en ennemis tous ceux qui voudroient ſe mêler des différends qu'il avoit avec l'Electeur de Saxe. Les ennemis du Roi de Suède firent tout ce qu'ils purent pour animer contre lui les Princes d'Allemagne, ils le peignirent des plus noires couleurs, & lui prêtèrent des vues & des deſſeins pernicieux à l'Em-

I 3. pire:

pire. Il étoit non seulement l'objet des délibératious particulières de plusieurs Puissances, mais encore le sujet des Ecrits publics, où la malignité de la plûpart des Ecrivains lui faisoient former des projets auxquels il n'avoit jamais pensé. Le Roi de Suède méprisa généreusement tous les traits envenimés, mais impuissans, que l'envie & la haine lançoient contre lui. Il répondit au Fiscal de son Armée qui lui présenta quelques Ecrits publics, où les Auteurs le maltraitoient extrêmement : *Laissons-les écrire tout ce qu'ils voudront, & ne laissons pas d'exécuter ce que nous avons à faire.*

Cependant le bruit s'étant répandu de tous côtés que l'Armée Suédoise, composée de 7000 Suédois & de 20000 Polonois, s'avançoit pour bruler & ravager la Saxe, les habitans prirent si fort l'épouvante dans tout le pays, qu'ils ne songèrent qu'à se sauver avec ce qu'ils avoient de plus précieux. On mit en sureté les Archives & la Chancellerie de l'Electorat. On se prépara à faire une vigoureuse défense, & à empêcher l'irruption des Suédois en Saxe. On ren-

renforça les garnisons de Dresde, de Wittemberg, & de Pleussenbourg. Ce qui avoit causé une si grande frayeur dans le pays, étoit une Lettre anonime envoyée à Dresde, par laquelle on annonçoit aux Saxons toutes sortes de cruautés de la part des Suédois ; mais l'épouvante ne dura pas longtems. On apprit par Lettres des endroits par où l'Armée Suédoise avoit passé, que Charles XII bien loin de commettre aucune hostilité, avoit fait publier un Manifeste par lequel il assuroit les particuliers de sa protection contre tous ceux qui entreprendroient de les inquieter. Les habitans rassurés par les promesses du Roi de Suède, & par l'exacte discipline qu'observoit son Armée, revinrent en foule dans leurs maisons & y rapportèrent leurs biens.

Le Roi Auguste pour sauver ses Etats héréditaires de la désolation de la guerre, se disposa enfin à faire la paix. Il ne pouvoit plus compter sur le secours de l'Empereur de Moscovie, dont les troupes étoient abattues par la terreur des armes de Suède qui les avoit défaites si souvent, ni sur l'Empereur d'Allemagne qui avoit à soutenir contre

la

la France une guerre ruïneufe. Il envoya dans cette vue le Baron d'Imhof, & le Sieur Pfingften Référendaire du Confeil Privé, munis de pleins-pouvoirs, avec ordre d'obferver fi le Roi de Suède demeureroit fur les frontières, ou s'il entreprendroit d'entrer dans le pays. Au prémier cas, il leur commanda de négocier la paix aux conditions les plus avantageufes qu'ils pourroient, & au dernier de l'obtenir par l'abdication même de la Couronne de Pologne.

Afin de pouvoir fe rendre plus furement à l'Armée Suédoife, on envoya au Roi Charles un Tambour chargé de demander un faufconduit pour les deux Plénipotentiaires. Le Roi Augufte écrivit auffi de Glógau une Lettre à Charles XII, où il lui marquoit l'inclination fincère qu'il avoit de fe réconcilier avec lui, & qu'il étoit difpofé à faire la paix aux conditions qu'il voudroit lui impofer. Les Plénipotentiaires ayant reçu leur faufconduit, eurent ordre de fe rendre fur la route de l'Armée, qui ayant paffé par Luben, Hain, Lévenberg, & Schemberg, traverfa la Vandalie & la haute Luface, & vint à

Bif-

Bifchoffverdt en Saxe. Durant la marché on travailla à la paix entre la Suède
& la Saxe, fans obferver aucun cérémo-
nial. Pour préliminaires les Plénipotentiaires Saxons propoférent le partage du
Royaume de Pologne entre Staniflas &
Augufte ; mais cette propofition fut
rejettée par les Miniftres Suédois , qui
déclarèrent que l'intention de leur Maître étoit de ne confentir à aucune paix à
moins d'une entière ceffion de la Couronne de Pologne. Les Plénipotentiaires fe voyant donc forcés de fubir la
loi du Vainqueur , fouscrivirent à cette dure condition, & ayant préfenté
avec beaucoup de fecret leur blanc - figné, ils entamèrent l'ouvrage de la paix ;
qui ne fut conclue qu'à Alranftadt.
Le Roi de Suède continua fa marche
de Bifchoffverdt à Radeberg , Sérau ,
& vint à Meiffen fituée en-deçà de
l'Elbe.. A fon approche les garnifons de
Wittemberg & de Leipfig évacuèrent
ces villes , & prirent la fuite avec le
refte des troupes Saxonnes qui étoient
en Luface. Charles & le Prince Maximilien les pourfuivirent avec 950 chevaux & 500 Vallaches , & étant tombé
près de Weiffenfels fur leur arrière-gar-

I 5   de

de en passèrent un grand nombre au fil de l'épée , & firent prisonniers un Capitaine, un Lieutenant , & trente-quatre Soldats ; le reste chercha son salut dans la fuite avec quelques 1500 Moscovites, qui s'étoient réfugiés en Saxe, & se retira par Naumbourg vers la forêt de Thuringe. Le Colonel Gorts eut ordre de les poursuivre , pendant que le Roi rebroussa chemin avec une petite suite. Le Général Schulenbourg fit tout ce qu'il put pour sauver ses troupes. Il envoya pour cet effet demander un asile aux habitans d'Erfurt ; mais la ville le lui ayant refusé , il s'avança vers Ilmenau dans la forêt de Thuringe. Gorts l'y poursuivit , & chargea les Moscovites qui se défendirent avec beaucoup de valeur , & tuèrent quelque monde aux Suédois. Cependant ceux-ci après une vigoureuse résistance les enfoncèrent enfin , & les mirent en fuite ; 80 Moscovites restèrent sur le champ de bataille , & 50 furent faits prisonniers. Gorts n'ayant pu couper la retraite à Schulenbourg qui se sauva avec le débris de ses troupes , retourna joindre le Corps de l'Armée Suédoise.

Ce-

Cependant le Maréchal-Général des Logis vint à Leipfig pour règler avec le Magiſtrat les quartiers & l'entretien de l'Armée Suédoiſe. Il ſomma le château de Pleiſſenbourg qui défend la ville, on n'y voulut pas d'abord entendre : mais le Commandant voyant bien qu'il n'étoit pas en état de faire une longue réſiſtance, ſe rendit bientôt priſonnier de guerre avec ſa garniſon, à qui Charles accorda la liberté de ſe retirer.

Le Roi campa d'abord près de Taucha, petite ville voiſine de Leipfig : il y donna audience aux Députés des Etats de Saxe qui vinrent ſe ſoumettre, & à ceux de pluſieurs Princes de l'Empire ; & ayant terminé inceſſamment les négociations dont ils étoient chargés, il tranſporta ſon quartier-général à Alranſtad, village ſitué à deux lieues de Leipfig près de Lutſen, célèbre par la bataille qui ſe donna entre les Impériaux & le grand Guſtave-Adolphe, où ce Prince fut tué. Après avoir remporté la victoire, l'Armée Suédoiſe fut enſuite diviſée & envoyée dans les quartiers qu'on lui avoit aſſignés, & le Général Mayerfeld eut ordre d'aller

I 6 ob-

obferver avec fon Corps de troupes la forterefle de Drefde.

On continua à travailler à l'ouvrage de la paix dans le camp Suédois avec tant de fecret, que plufieurs Envoyés étrangers qui étoient à Leipfig pour offrir à Charles la médiation de leurs Maîtres , n'en purent être informés. Le Roi de Suède envoya plufieurs fois à Drefde le Sieur Céderhielm fon Sécretaire-d'Etat, pour conférer avec les Plénipotentiaires Saxons fur les différens articles de la paix , qui furent règlés peu à peu. Le Traité fut conclu à Alranftad † le 24. Septembre, & figné par le Comte Piper & le Sieur Hermelin Miniftres Suédois , & par les Plénipotentiaires Saxons Imhof & Pfingften : mais avant d'être ratifié par le Roi Augufte qui étoit en Pologne, il fut communiqué au Roi Staniflas. Le Sécrétaire-d'Etat de Suède , Céderhielm, fe rendit pour cela auprès de lui à Mifnie. Après un mûr examen Staniflas le ratifia fans y rien ajouter , & le fit enfuite figner par deux Députés Polonois, Jablo-

___

† En Allemand Alt-Ranftadt.

blonousky Palatin de Ruſſie , & le Prince Sapiéha Grand-Tréſorier de Lithuanie.

Toute cette négociation ſe ménagea avec tant de ſecret , qu'on n'en ſut même rien dans le camp de Charles XII. Ce qui engageoit ce Monarque à la cacher avec tant de ſoin, étoit la crainte d'être importuné par les Envoyés de pluſieurs Princes, qui auroient ſouhaité d'être médiateurs de cette paix. Auguſte avoit de ſon côté un fort grand intérêt à la dérober à la connoiſſance des Moſcovites , avec qui il étoit en alliance contre la Suède. Il craignoit avec raiſon que ſi les troupes Ruſſiennes qui venoient de ſe joindre aux ſiennes , qui leur étoient fort inférieures , venoient à avoir vent de cette affaire , elles ne tournaſſent ſes armes contre lui , & ne lui fiſſent un mauvais parti. Auguſte donc dans cette délicate conjoncture ſut habilement diſſimuler & tromper les Moſcovites , en attendant une occaſion favorable de ſe tirer de la mêlée.

En conſéquence de la paix on publia dans le camp du Roi de Suède une trève de deux mois & demi. Pendant ce

tems-

tems-là Pfingsten fut envoyé en Pologne au Roi Auguste avec le Traité de paix, pour lui en demander la ratification. Le Ministre fut chargé, de la part de Charles & de Stanislas, de remettre en main propre au Général Mardefeld & au Palatin de Kiovie, des Lettres qui contenoient un ordre exprès de cesser tout acte d'hostilité contre les troupes Saxonnes. Le Roi de Suède ordonna à Pfingsten de ne remettre ces Lettres qu'après que le Traité auroit été ratifié par Auguste, & lui déclara que la paix seroit rompue, au cas qu'il ne fût pas de retour au bout de six semaines.

Celui-ci rencontra le 20. d'Octobre près de Pétrikou, le Roi Auguste son Maître, qui s'avançoit vers la grande Pologne avec une Armée composée de 30000 hommes tant de Moscovites que de Saxons & de Polonois. Dès-qu'Auguste eut ratifié les articles de la paix, il renvoya Pfingsten en Saxe, avec ordre aux Etats de consentir à toutes les contributions que le Roi de Suède exigeroit. Pfingsten pour faire plus de diligence, & arriver en Saxe avant l'expiration du terme qui lui avoit été pres-

prescrit, confia les Lettres dont il étoit
chargé pour Mardefeld & le Palatin de
Kiovie, à une personne, qui ne les
ayant pas remises à tems, occasion-
na le combat qui se donna quelques
jours après entre les Moscovites joints
aux Saxons, & les troupes Suédoises
commandées par Mardefeld, qui furent
entièrement défaites. Peu après le départ de Pfingsten pour la Saxe, les Moscovites qui étoient fort supérieurs en
nombre aux troupes de Mardefeld, qui
n'étoient que de 10000 hommes tant
Suédois que Polonois, sollicitèrent fortement Auguste de les aller attaquer.
Ce Princë pour ne donner aucun soup-
çon de la paix qu'il venoit de faire avec
la Suède, marcha aux Suédois avec les
Moscovites; dans l'espérance que le
Général Mardefeld ayant reçu avis de
la paix par la Lettre de Charles XII,
ne s'exposeroit pas à un combat dont
l'évènement étoit fort douteux. In-
certain cependant si la Lettre avoit été
reçue, il envoya secrettement au Général Mardefeld une personne de confiance pour lui notifier la paix, & le prier
de ne pas risquer une bataille contre des
troupes qui étoient beaucoup plus nom-
breu-

breuſes que celles qu'il commandoit.
Mais Mardefeld qui n'avoit pas reçu la
Lettre de ſon Maitre, ſe perſuada que
l'avis qu'on lui donnoit de la paix é-
toit ſuppoſé, & réſolut d'attendre de
pié ferme l'Ennemi. Il comptoit de
plus ſur les 6000 Polonois qui témoi-
gnoient beaucoup d'ardeur à en venir
aux mains avec les Moſcovites &. les
Saxons. Ceux-ci s'étant avancés vers
les Suédois qui étoient poſtés près de
Kalish, les reſſerrèrent ſi fort, que
Mardefeld ſe détermina à commencer
l'attaque.

Il chargea les Ennemis avec beaucoup de vigueur; mais les Polonois
l'ayant honteuſement abandonné, (excepté quelques Bataillons, qui rompus
du prémier choc s'étoient retirés derrière le bagage), il ſe vit aſſailli par un
monde d'Ennemis qui l'enveloppèrent.
Il ſe défendit néanmoins longtems avec
toute la bravoure imaginable; & a-
près avoir perdu un grand nombre
des ſiens, & fait de vains efforts pour
s'ouvrir un paſſage à travers les Ennemis, il fut contraint de ſe rendre priſonnier de guerre avec une partie des
Polonois. Outre Mardefeld, le Général
Cra-

Craſſau, quatre Colonels, & un grand
nombre d'Officiers ſubalternes, furent
faits priſonniers.

Les Saxons encouragés par ce prémier
ſuccès de leurs armes contre les Suédois, auroient pu changer la face des
affaires d'Auguſte, ſi la Saxe n'avoit
pas été alors à la diſcrétion d'une bonne partie des troupes Suédoiſes. Quelques perſonnes conſeillèrent à Auguſte
de faire diverſion aux Suédois, par une
irruption ſubite dans la Poméranie ;
mais ce Prince jugeant bien qu'il per-
droit plus en Saxe qu'il ne gagneroit en
Poméranie, ne fut pas de ce ſentiment.
Il ſe rendit à Varſovie, envoya en quartier d'hiver les Moſcovites dans la Volhinie pour les éloigner de lui, & publia des Univerſaux pour convoquer
une Diète, témoignant en apparence
beaucoup d'ardeur à pouſſer la guerre
avec vigueur contre les Suédois. Afin
de mieux tromper les Moſcovites &
les Polonois, il défendit ſous des peines
très rigoureuſes d'embraſſer le parti de
Charles XII. C'en étoit aſſez pour
éloigner tout ſoupçon de la paix qu'il
avoit conclue avec le Roi de Suède.
Pfingſten en avoit porté la ratification

en

en Saxe, avec une Lettre en apparence très cordiale, adressée à Charles. Auguste lui marquoit que la paix qui alloit établir entr'eux une bonne harmonie, & les unir d'une parfaite amitié, le pénétroit d'une très vive satisfaction. Cette Lettre parut faire beaucoup de plaisir au Roi de Suède, & il y répondit en termes fort obligeans.

Mais lorsqu'on lui eut fait rapport de la défaite des Suédois à Kalish, il soupçonna d'abord qu'Auguste voulant profiter de la supériorité de ses troupes, avoit de propos délibéré enfreint le Traité de paix, & occasionné la bataille que le Général Mardefeld avoit perdue. Il en témoigna son ressentiment aux Plénipotentiaires Saxons, & leur déclara que si le Roi Auguste étoit l'auteur de cette entreprise contre les Suédois, & qu'il espérât d'en tirer quelque avantage, il rompoit dès ce moment la paix, & que préalablement il demandoit un dédommagement de la perte qu'il venoit de faire.

Les Plénipotentiaires craignant, comme on le peut juger, les effets du ressentiment du Roi de Suède, se servirent de tout l'art possible pour justifier le
Roi

Roi Auguste leur Maitre. Mais Charles XII resta dans sa prévention jusqu'à ce que Pfingsten eût reçu une Lettre écrite de la propre main d'Auguste, dans laquelle ce Prince se plaignoit de la douloureuse nécessité où les Moscovites l'avoient mis de combattre Mardefeld, assurant qu'il avoit fait tout ce qu'il avoit pu pour empêcher le combat. Il offroit de plus, de donner au Roi de Suède toute la satisfaction qu'il pourroit desirer, au cas qu'il ne fût pas content de ces assurances.

Cette Lettre qui lui fut présentée en original fit un si bon effet, que Charles entièrement déprévenu ne demanda d'autre satisfaction que la liberté des prisonniers Suédois.

Cependant les délais que l'on apportoit à l'exécution de la paix lui donnèrent peu de tems après de nouveaux soupçons; le séjour d'Auguste en Pologne, & l'amitié particulière qu'il témoignoit aux Moscovites, paroissoient les confirmer.

Ces circonstances engagèrent le Roi de Suède à ne différer la publication de la paix que de quinze jours. On en donna avis pendant ce tems-là au Roi

Au-

Auguste, qui étoit à Varsovie. Ce terme expiré Charles XII fit notifier le Traité de paix à toutes les Cours de l'Europe, où l'on admira la générosité de ce Conquérent; qui satisfait de la seule gloire de ses victoires n'exigea rien pour lui par ce Traité.

Le Roi Stanislas lui envoya le Palatin de Cracovie & le Vice-Chancelier du Royaume, pour lui faire compliment sur la paix, au nom de la République de Pologne & en son propre nom. Le Roi de Suède députa aussi au Roi Stanislas le Comte de Velling & le Sieur Hermelin, pour le féliciter de son affermissement sur le trône de Pologne. La plupart des Cours de l'Europe ne tardèrent pas à lui faire compliment sur son avènement à la Couronne.

Charles XII en attendant l'exécution du Traité de paix, signifia un ordre aux Etats de Saxe, de s'assembler à Leipsig pour y traiter des contributions. Il demanda aux Etats par ses Commissaires. 1. Qu'on lui donnât un état des Domaines du pays, & de ce que chacun avoit rapporté dans les dernières années. 2. Qu'on lui fît voir
sur

fur quoi avoient été mis les impôts ordinaires & extraordinaires de ces Domaines, par les Refcrits émanés à ce
fujet. 3. Qu'on lui nommât les Domaines de chaque Province en particulier, & qu'on donnât une fpécification
détaillée de leurs revenus pendant les
deux dernières années. 4. Qu'on lui
envoyât un extrait des réfolutions de
toutes les Dietes qui s'étoient tenues
depuis 1704 jufqu'alors. 5. Que les
Evêchés de Merfebourg & de Naumbourg lui rendiffent compte des contributions ordinaires & extraordinaires
qu'ils avoient payées à la Maifon Electorale pendant les deux dernières années, & fiffent mention des titres en
vertu defquels ils y avoient été obligés. Ces Evêchés firent favoir à Sa
Majefté, qu'ils avoient payé par an à
la Maifon Electorale le tiers des impôts des revenus de leur caiffe, non en
vertu d'aucune obligation, mais feulement dans la vue de foulager le pays;
qu'ils étoient Etats immédiats de l'Empire, indépendans de l'Electeur, & a-
voient leurs propres Adminiftrateurs à
qui ils faifoient hommage.

Le Préfident de la Chambre de Saxe
fixa

fixa suivant les intentions de Charles, les contributions à 625000 écus par mois, somme exorbitante qui fut réduite à 500000, sur les représentations soumises que les Etats firent au Roi de Suède. Sur ce qu'on en différa le payement, Sa Majesté les fit lever elle-même, & les régla sur le pié de la spécification des impôts qui lui avoit été remise.

Cependant le Roi Auguste craignant le ressentiment du Czar, avoit fait défiler ses troupes dans le Palatinat de Cracovie, avant la publication de la paix, & pris secrettement le chemin de ses Etats héréditaires. Dès-qu'il fut arrivé à Dresde, il en donna avis à Charles XII, & se rendit au quartier du Comte Piper, où ces deux Rois se virent pour la prémière fois. Cette visite se passa de part & d'autre avec beaucoup de politesse, & des démonstrations apparentes de l'amitié la plus sincère.

Ces deux Princes allèrent ensuite à Alranstand. Le Roi Auguste y soupa & y passa la nuit, à la sollicitation de Charles XII, qui lui céda son appartement, & affecta de lui donner toujours la droite.

te. Le lendemain Auguste se rendit après dîné à Leipsig, pour faire élargir les Princes Sobiesky. Après qu'on eut discuté par écrit entre Auguste & ces Princes leurs prétentions réciproques, ils partirent sans se voir pour Dresde, où ils furent reçus par Céderhielm & Mayerfeld. Le Général recouvra dans ce tems-là, en vertu d'un article du Traité de paix, l'artillerie qui avoit été enlevée aux Suédois par les Saxons.

En mémoire de la Paix on frappa une Médaille, où Charles XII & Auguste étoient représentés d'un côté sous la figure de Mars & d'Hercule: ils se donnoient la main en signe d'amitié, & fouloient aux piés la Discorde, avec cette exergue tirée de VIRGILE *Cognato sanguine villa.* On lisoit ces mots dans la légende: *Pax Sueciam inter & Poloniam facta Altranstadt* 1706. De l'autre côté paroissoit la ville de Leipsig, & Mercure qui lui annonçoit la Paix. L'exergue étoit conçue en ces termes, *Alta pax gentes alat, ensesque lateant :* & la légende, *Fidem inter se posito certamine Reges foedere jungebant.*

Peu

Peu après Charles XII fut voir Auguste à Leipſig. Ces Princes ſe rendirent dans la ſuite de fréquentes viſites, on les eut cru ſincèrement réconciliés, aux témoignages d'affection qu'ils ſe donnoient ; & à l'air ſatisfait d'Auguſte, ont eût jugé qu'il s'étoit mis au deſſus de ſes malheurs, & qu'il ne regretoit point la Couronne qu'il venoit de perdre.

Le Roi de Suède ſur les repréſentations que lui firent de nouveau les Etats de Saxe, ſe relâcha du tiers des contributions qui lui devoient être payées pour les ſix prémiers mois de 1707, pourvu que le payement s'en fît d'avance. Elles montoient à 1900000 écus. Les Etats n'ayant pas cette ſomme, réſolurent de l'emprunter. Ils envoyèrent dans cette vue des Députés en Hollande avec le conſentement d'Auguſte, qui leur donna ordre de la négocier en ſon nom. Mais comme cette affaire fut ſujette à pluſieurs difficultés, elle en reſta-là ; & Charles XII continua à lever lui-même les contributions ſur les particuliers, en ſuivant la taxe ordinaire.

Pendant ce tems-là le Prince de Wirtemtemberg se proposa de profiter de son séjour en Allemagne pour aller, voir sa famille. Après avoir fait sa cour au Roi Auguste & à la Reine son épouse, il partit pour Stutgard avec l'agrément du Roi de Suède, sous la conduite du Général-Major Cruse, qui étoit connu depuis longtems à la Cour de Wirtemberg.

Il arriva en trois jours à Stutgard chez la Princesse sa mère, qui ne le reconnut pas au prémier abord : il en fut cependant reçu avec une tendresse d'autant plus vive, qu'elle ne l'avoit pas vu depuis près de quatre ans. La joie de cette Princesse fut augmentée par l'arrivée de son fils ainé le Prince Charles-Alexandre, qui n'étoit pas attendu. Le Duc règnant de Wirtemberg témoigna à ces Princes beaucoup d'amitié, & leur procura tous les divertissemens possibles. Dans une partie de chasse qu'ils firent près de Nurting, le Prince Maximilien s'étant engagé avec trop de vivacité à la poursuite d'un sanglier, courut risque de la vie. Cet animal furieux étant vivement pressé s'élança sur lui, & par un grand bon-

K   heur

heur lui déchira une de ses bottes sans lui faire de mal. Le Baron de Forstner qui avoit été son Gouverneur accourut aussi-tôt à son secours, & le délivra à tems de ce dangereux animal. Le Prince se délassa pendant quelque tems au milieu des plaisirs, & des fatigues de la guerre.

La Princesse sa mère le renvoya au camp Suédois au bout de cinq semaines, craignant qu'une longue absence ne fît de la peine au Roi Charles. Allarmée par un secret pressentiment de la prochaine mort de ce cher fils, son départ lui arracha bien des larmes. Le Prince qui avoit toujours eu pour cette digne mère un tendre & respectueux attachement, ne témoigna pas moins de sensibilité. Il partit avec le Prince Charles-Alexandre son frère aîné & le Ministre Osiandre, que la Princesse Douairière envoyoit au Roi de Suède pour recommander à Sa Majesté les intérêts du Prince Maximilien. Ils rencontrèrent à Heilbron le Prince Frédéric leur frère, avec qui ils arrivèrent le lendemain à la Cour du Duc de Wirtemberg-Neustadt. Les deux Princes aînés sinés après s'y être divertis pendant deux jours quitèrent Maximilien leur frère, qu'ils ne revirent plus, & retournèrent à Stutgard.

Le Prince Maximilien ayant continué sa route vint à Anspach, où le Margrave le reçut avec beaucoup de politesse, & s'empressa à lui procurer les plaisirs de la saison. Il le mena à une maison de plaisance nommée *Praisdorf*, pour faire une partie de chasse. Il arriva encore au Prince Maximilien un malheur que l'on peut dire heureux, puisqu'il n'eut pas de fâcheuses suites. Il se sépara sur le soir de la Compagnie, & s'étant égaré sur les traces d'un chevreuil qu'il poursuivoit l'épée à la main, son cheval s'abattit & le renversa sous lui : le pommeau de la selle qui dans la chute lui avoit donné dans la poitrine, lui ôta la voix & presque la respiration, & la pointe de son épée lui ayant effleuré le col déchira sa cravate & le haut de sa veste, sans lui faire de mal. Il resta quelques minutes dans cette situation, sans pouvoir appeller à son secours. Un heureux hazard amena dans cet endroit un de ses domestiques, qui le dégagea in-

ces-

cessamment de dessous le cheval & lui
sauva la vie. Il le trouva pâle, défi-
guré, sans voix & sans mouvement. Le
Margrave qui survint dans ce moment,
fut consterné de cet · accident : il fit
transporter le Prince dans une maison
voisine, & lui fit d'abord donner quelques remèdes : ils produisirent un si
bon effet, que dès le lendemain il recouvra non seulement la voix, mais
fut même en état de remonter à cheval.

Le Prince parfaitement rétabli ne
tarda pas à quiter la Cour du Margrave, qui promit de le suivre à Alranstad avec le Landgrave de Hesse-Darm-
stadt. Il arriva en cinq jours au camp
Suédois le 19 Décembre, & se rendit
d'abord chez Sa Majesté, qui charmée
de le revoir lui témoigna la plus tendre
affection. Il alla le jour suivant à Leipsig, pour voir le Roi Auguste. Pendant son séjour en Saxe, il eut occasion de faire connoissance avec la plupart des Princes de Saxe & autres Princes, qui vinrent à Leipsig & à Alranstad; le Ducs de Weissenfels, de Mer-
sebourg & de Gotha, le Landgrave de
Hesse-Hombourg, le Prince Electoral
de

de Saxe, les deux Princes de Mecklenbourg, le Prince héréditaire de Wolfenbuttel, les Princes de Béveren, & le Duc de Marlboroug Ambassadeur d'Anne Reine de la Grande-Bretagne, qui étoit venu à Alranstad pour sonder les intentions de Charles XII par rapport à la France. Ce Monarque reçut des Ambassadeurs de presque tous les Souverains de l'Europe, de l'Empereur, de la France, de l'Angleterre, des Etats-Généraux, du Dannemarc, & de plusieurs autres Princes, qui redoutant les entreprises de ce Conquérant, recherchoient son alliance ou sa médiation. Il y avoit à Alranstad & à Leipsig une grande affluence d'Etrangers qui étoient accourus de tous côtés pour voir ce Prince, dont on racontoit tant de choses singulières & merveilleuses. Les Religionnaires François qui avoient été condamnés aux Galères & les Protestans de Silésie, vinrent implorer sa protection, les uns pour obtenir leur liberté & rentrer dans la possesion de leurs biens, & les autres pour jouïr des concessions qui avoient été stipulées en leur faveur dans le Traité de la Paix de Westphalie.

Ce-

Cependant Charles XII & Auguste continuoient à se voir fort souvent, ils firent ensemble quelques parties de chasse ; mais il n'y eut aucune entrevue entre Stanislas & Auguste. Ces deux Princes se rencontrèrent un jour à Leipsig, & se saluèrent sans se parler. On dit que le cheval d'Auguste ayant bronché il le poussa à toute bride, & se déroba à la vue de son rival.

Le Roi de Suède au commencement de 1707, s'appliqua pendant quelque tems aux affaires politiques de son Royaume, & à celles qui concernoient ses Armées. Il donna des ordres pour pourvoir à la remonte de toute sa Cavalerie, & pour faire venir de nouvelles recrues de Suède. Il leva dans l'Empire plusieurs Régimens, qu'il équipa & entretint de l'argent que lui fournit la Saxe. Il mit sur pied un Régiment de 3000 Dragons Allemans, dont il donna le commandement au Colonel de Görts: mais en moins d'un année la plupart d'entr'eux périrent avec leur Colonel de famine, ou par les fatigues extraordinaires qu'ils essuyèrent.

Peu après la publication de la paix, plu-

plusieurs des mécontens de Pologne vinrent se soumettre au Roi Stanislas. Les principaux d'entr'eux étoient l'Evêque de Warmie, le Prince Wiesnowisky, & Smiegelsky célèbre chef de parti. Ils dirent au nouveau Roi que ce qui les avoit attaché jusqu'alors aux intérêts d'Auguste, étoit le serment de fidélité qu'ils lui avoient prêté, mais qu'étant déchargés de ce serment en conséquence de l'abdication que ce Prince venoit de faire de la Couronne, ils venoient avec plaisir lui faire hommage comme à leur légitime Souverain, & lui vouer le même zèle & la même fidélité qu'ils avoient eue pour le Roi Auguste. Dans ce tems-là Stanislas reçut les félicitations de la Cour de France sur son Couronnement, par un Ambassadeur que Louïs XIV lui envoya. L'Empereur, le Roi de Prusse, & l'Electeur d'Hannovre suivirent son exemple quelque tems après.

Cependant de nombreuses troupes Moscovites étoient entrées en Pologne sous la conduite du Prince Menzikopf, & s'étoient jointes à la faction opposée au nouveau Roi. Ce Général tâ-

K 4

cha

cha de la ranimer & de l'augmenter ,
par l'argent qu'il répandit , & par la
promesse de la soutenir. A son instance on s'assembla à Léopold , & il y
proposa de procéder à l'élection d'un
troisième Roi. Mais la diversité d'o-
pinions qui divisa l'assemblée, l'empêcha de prendre aucune résolution. Le
projet d'élire un nouveau Roi étoit
fort difficile dans ce tems-là , où les
fureurs d'une guerre intestine se faisoient sentir plus que jamais en Pologne.
Tout y étoit en combustion. L'avidité du pillage portoit les Polonois
partagés en plusieurs factions , à s'en-
tre-détruire , & à commettre mille affreux desordres , où le plus foible é-
toit toujours la victime du plus fort.
La Diète de Léopold ne se sépara
que plus animée contre le Roi Stanislas & ses adhérens. Le Czar soufla de
plus en plus parmi eux le feu de la
sédition , qui ne fit qu'augmenter les
troubles en Pologne , & qui dans la
suite fut funeste à Stanislas & au Roi
de Suède ; car le Sieur Siéniausky ,
partisan ambitieux & entreprenant, qui
avoit été nommé par Auguste Grand
Général de la Couronne , ayant joint

aux

aux forces Moſcovites une partie de
l'Armée Polonoiſe dont il étoit maitre, empêcha deux ans après les troupes de Staniſlas de ſe poſter près du
Nieper, & d'aller renforcer le Roi de
Suède qui aſſiégeoit Pultowa.

Cependant alors les troubles de Pologne inquiétoient peu l'Armée Suédoiſe, qui jouïſſoit en Saxe du fruit
de ſes victoires au milieu d'une parfaite
tranquilité. Charles XII qui avoit ſi
ſouvent battu & diſſipé les Polonois, eſ-
péra de réduire en peu de tems les mécontens, qui étant ſecondés par les
Moſcovites, plus inhumains & plus
avides de butin qu'eux, bruloient &
ravageoient la Pologne : mais le ſuccès
ne répondit pas à ſes eſpérances, & lui
apprit qu'on doit être ſur ſes gardes
contre les ennemis qui paroiſſent même
les plus foibles. Si le Roi de Suède,
au lieu du mépris qu'il témoignoit
pour le parti contraire, avoit employé
la douceur & répandu l'argent, il l'auroit empêché de ſe fortifier, & auroit
attiré pluſieurs d'entr'eux dans les intérêts du Roi Staniſlas. Il faut pourtant convenir, qu'on n'auroit pas pu
gagner quelques-uns des mécontens,

riches & puiſſans, qui poſſédans les
principales dignités du Royaume, n'au-.
roient pu ſe réſoudre à les céder à ceux
que le Roi Staniſlas avoit nommés à
ces emplois.

Dans ce tems-là le Prince Maximilien qui ſe reſſentoit des fatigues de la
guerre, ſe trouva incommodé d'une fâ-
cheuſe fluxion jointe à quelques accès
de fièvre. Cette incommodité lui fit
d'autant plus de peine, qu'il craignoit
de ne pouvoir pas être d'une grande
partie de chaſſe qui ſe devoit faire à
Liebenverde. Charles & Auguſte lui
rendirent de fréquentes viſites pendant
ſa maladie, & lui marquèrent beaucoup
de conſidération & d'affection. Au
bout de quelques jours il ſe crut aſſez
bien pour accompagner le Roi Auguſte à
Liebenverde. Mais dès-qu'il y fut arrivé, une nouvelle attaque de fièvre
l'obligea à garder la chambre juſqu'au
jour fixé pour la partie de chaſſe. On
attendit pendant trois jours le Roi de
Suède, qui avoit promis de s'y rendre;
mais dans le moment qu'il ſe diſpoſoit
à aller à Liebenverde, il en fut empêché par un fâcheux contre-tems; ce
qui l'engagea à faire ſes excuſes au Roi

Au-

Auguste par le Général-Major Lagove-rone.

Ce contre-tems fut caufé par diffé-rentes Lettres que Charles reçut de Po-logne, qui rendoient fufpecte la can-deur du Roi Electeur. Elles avoient été interceptées par les partifans de Charles. Les unes étoient adreffées au parti d'Augufte en Pologne, & à quelques Grands du Royaume; les au-tres étoient écrites à l'Empereur de Mofcovie, & à fes Miniftres. Le fujet que l'on y traitoit avec affez d'obfcurité, paroiffoit contraire à la paix qui venoit d'être conclue; de for-te que Charles fut porté à croire que toutes les démarches qu'Augufte avoit faites pour la paix, n'étoient qu'un jeu caché fous le voile d'une profonde diffimulation. Le Roi de Suède ju-geant par ces Lettres que la paix qu'il venoit de conclure n'étoit rien moins que fure, voulut prendre des méfures propres à empêcher Augufte de la rom-pre ou de l'éluder.

Il envoya dans cette vue à Dresde le Sécrétaire d'Etat Céderhielm pour folliciter inceffamment l'exécution de la paix dans tous fes points, & fit de-

man-ler

mander que l'on insérât dans le Traité une clause expresse, qui portât que tout ce qui avoit été entrepris ou seroit entrepris à l'avenir directement & indirectement, contre la teneur de la paix, seroit censé nul & de nul effet. Cependant l'examen de cette affaire fut différée jusqu'après la partie de chasse à laquelle Céderhielm fut invité. On y tua environ 200 sangliers & 500 cerfs à coups de lances ou de fusils. Le Prince Maximilien que sa trop grande vivacité exposoit toujours dans ces occasions à quelque danger, perdit par un étrange accident un très beau cheval, dont le Roi Auguste lui avoit fait présent le jour précédent. Comme il couroit à toute bride à la poursuite d'un cerf, son cheval fougueux & plein de feu se jetta malheureusement sur une lance que l'on avoit fichée en terre, & en ayant été transpercé, il tomba roide mort sur la place. Cette perte fut d'abord réparée par un cheval Espagnol qu'Auguste donna au Prince.

Le jour suivant le Prince accompagna le Roi Auguste à Torgaw, où étoit la Reine son épouse. Un ressentiment

timent de sa maladie l'engagea le lendemain à prendre congé d'Auguste, pour
se rendre à Alranstad, & tâcher de s'y
rétablir d'une dangereuse fluxion qui
s'étoit jettée sur un œil. Le mal ayant
empiré, il résolut pour l'adoucir de se
faire couper les cheveux, & de mettre
la perruque, quoiqu'elle ne fût pas de
mode à l'Armée Suédoise. Cependant le Sécrétaire d'Etat Céderhielm
remit sur le tapis de la part de Charles
XII la clause dont nous avons parlé, &
demanda qu'elle fût insérée dans le
Traité de paix, ce qu'on lui accorda.
Il sollicita de nouveau l'exécution des
engagemens que le Roi Auguste avoit
contracté par ce Traité, qui consistoit en 22 articles, dont voici les principaux.

Auguste promettoit 1. de renoncer
solemnellement à la Couronne de Pologne, à l'exception des honneurs &
du titre de Roi, & de reconnoître
Roi Stanislas. 2. De ne contracter aucune alliance contraire à ce Traité, &
notamment de renoncer à celle qu'il
avoit faite avec le Czar contre le Roi
de Suède & le Roi Stanislas. 3. De
restituer les Joyaux & les Archives de

K 7   la

la Couronne qu'il avoit transportés en Saxe. 4. D'accorder la liberté à tous les prisonniers Suédois & Polonois. 5. De restituer l'artillerie & les drapeaux pris sur les Suédois. 6. De livrer au Roi de Suède tous les déserteurs & traîtres qui avoient passé au service de Saxe, & nommément Jean Reinhold Patkul. 7. De maintenir en Saxe & en Lusace la Religion Protestante, conformément à la Paix de Westphalie.

L'exécution de plusieurs de ces articles fut sujette à quelques difficultés, sur-tout celui qui concernoit (1) Patkul,

***

(1) Patkul célèbre par sa mort tragique, étoit né en Livonie, province dépendante alors de la Suède. Son zèle pour les libertés & les privilèges de sa patrie opprimée par Charles XI qui visoit au despotisme, fit prononcer contre lui une sentence de mort. Patkul prit la fuite & se retira en Pologne. Animé d'un desir ardent de se venger, il conseilla au Roi Auguste de faire la conquête de la Livonie, dans le tems que Charles XII à peine sorti de l'enfance commençoit à règner. S'étant brouillé avec le Comte Flemming, prémier Ministre d'Auguste, il passa ensuite au service du Czar, qui le fit Général & l'envoya en Ambassade auprès du Roi Auguste. Attentif aux intérêts de son Maitre il pénétra le dessein où étoit Auguste de faire la paix avec le Roi de Suède, & projet-

kul, qu'il détenoit prisonnier à Konisg-
tein. Le Roi Auguste refusa d'abord de
le livrer aux Suédois, sur ce qu'il avoit
promis avant la conclusion de la paix,
de le renvoyer au Czar, dont il étoit
Ambassadeur. Céderhielm alla à Altran-
stad pour donner avis au Roi de Suède
de ce refus, & revint à Dresde chargé
de nouvelles instructions. Il trouva la
Cour fort inquiète du refroidissement
que témoignoit le Roi de Suède. On
venoit d'y apprendre la raison qui avoit
engagé ce Prince à ne se pas trouver à
la partie de chasse à laquelle il avoit été
invité, & l'on craignoit que la défian-
ce où étoit Charles XII envers les Saxons,
ne le portât à de fâcheuses extrémités
contr'eux. Cependant un éclaircissement
sur ce sujet entre les Ministres Suédois &
Saxons dissipa bientôt les soupçons de
Charles & la crainte d'Auguste.

La restitution des Joyaux & des Archives de la Couronne fut différée, par
le refus qu'Auguste fit de les remettre
au

projetta un accommodement entre le Czar &
la Suède. Auguste pour détourner ce coup le
fit arrêter, & fit dire au Czar que Patkul a-
voit formé le dessein de les trahir tous deux.

au Roi Staniflas avant qu'il eût été uni-
verfellement reconnu des Polonois. Charles pour lever cette difficulté, demanda qu'on les lui remît à lui-même, ce
qui fe fit quelque tems après.

Augufte pour complaire au Roi de
Suède inflexible fur tous les articles de
la paix, fut obligé d'ordonner qu'on ne
le qualifiât plus de Roi de Pologne, &
qu'on ôtât ce titre du formulaire des
Prières publiques.

Il plia encore fous la volonté de Charles. Il reconnut Staniflas Roi par une
Lettre de félicitation qu'il lui écrivit
fur fon avènement à la Couronne de
Pologne. Il y qualifioit le Roi Staniflas de MONSIEUR ET FRERE, &
elle étoit fignée AUGUSTE ROI. A-
près bien des repréfentations inutiles fur
le caractère d'Ambaffadeur de l'infortu-
né Patkul, il fut forcé de le livrer à
quatre officiers Suédois, qui l'emmenèrent au camp de Charles XII, d'où il
fut transféré à Cafimir. Le Roi de
Suède voulant rendre public par l'im-
preffion le Traité d'Alranftad, ne trouva en Saxe aucun Libraire qui voulût
s'en charger : cependant la vifite de
quelques Dragons Suédois que l'on en-

voya

voya à ces Meſſieurs, les perſuada d'o-
béir inceſſamment aux ordres de Sa Majeſté Suédoiſe. Le Traité de paix qui
venoit d'être exécuté dans tous ſes points,
faiſoit eſpérer aux Saxons de voir bientôt partir l'Armée Suédoiſe; mais certaines circonſtances prolongèrent le ſéjour des Suédois en Saxe. Un parti
Suédois ayant arrêté dans un lieu tiers
l'Envoyé de Ruſſie à Berlin, qui avoit
pris la route de Moſcou, le trouva
chargé d'un paquet de Lettres importantes, qui fournirent à Charles matière à
ſpéculation. Ce Monarque non content de s'être vengé de l'Electeur de
Saxe, voulut profiter de ſon ſéjour en
Allemagne pour humilier l'Empereur.
Il lui fit pluſieurs demandes. Il prit
ſous ſa protection les Proteſtans de Siléſie; réſolu de les faire rétablir dans
leurs droits & privilèges ſtipulés par le
Traité de Weſtphalie.

Quoique la paix ne parût pas fort ſu-
re pour l'avenir, le Roi Charles ne laiſſa pas de faire célébrer un grand Jour
d'actions de graces, dans ſon Royaume
& dans ſes Armées. Cela fit eſpérer de
nouveau aux Saxons un prochain départ
des troupes Suédoiſes, ſur-tout lorſqu'ils

virent partir de Saxe l'épouse du Roi
Staniflas, qui fe rendit à Stettin. A
la follicitation d'Augufte, les Envoyés d'Angleterre & de Hollande tâchèrent de porter Charles à quiter la
Saxe épuifée par les exceffives contributions qu'il y avoit levées. Il leur répondit que c'étoit fon deffein, dès-qu'on
lui auroit procuré des garans de la paix.
Cependant on crut quelques jours après
qu'il s'y difpofoit, lorfqu'il fit la revue
de fes troupes, à laquelle affiftèrent quelquefois le Roi Augufte & le Duc Admi-
niftrateur du Holftein. Il commença par le
Régiment des Gardes. Il fe rendit enfuite aux différens quartiers où il avoit
mis les autres Régimens, & en fit la
revue avec tant de rapidité, que dans
un jour il tua deux chevaux à force de
courir. Le Prince Maximilien qui l'accompagna par-tout, goûtoit tout le plaifir de ces occupations militaires, fi con-
formes à fon inclination : mais fa fatisfaction fut mêlée de quelque amertume
par le départ de fon jeune frère, qui a-
voit été jufqu'alors à la Cour de Saxe,
& qui fe rendit en Brabant pour commencer fes prémières campagnes. Il reçut auffi de fâcheufes nouvelles de chez
lui.

lui. On lui mandoit que les François
ayant forcé dans les lignes des Impériaux
avoient pénétré dans le Duché de Wirtemberg, & s'étoient rendus maitres de
la capitale, où ils avoient pris leur quartier. La Princesse Douairière sa mère
qui étoit à la discrétion des Ennemis,
lui écrivit une Lettre où elle lui exposoit ses craintes, & le chargeoit d'employer sous main le crédit du Ministre
Suédois auprès du Maréchal de Villars,
pour l'exempter comme Princesse apana-
gée des contributions que les François levoient dans le Wirtemberg. La Cour
de Suède ne jugea pas à propos de se
mêler de cette affaire, par des raisons
de politique; & l'Envoyé de France
qui étoit à Leipsig ne voulut pas inter-
poser ses bons offices, avant que le Comte Piper l'en eût sollicité. Cependant
la chose alla mieux qu'on ne l'avoit es-
péré. La générosité de Villars sans aucune recommandation accorda à la Princesse tout ce qu'elle pouvoit souhaiter.

Pendant que les François maitres du
Wirtemberg y jouissoient avec modération du fruit de leur victoire, les Moscovites qui s'étoient répandu dans la
Pologne, y commettoient des désor-
dres

dres affreux. Ils bloquèrent Pofnanie, & établirent leur camp fur les frontières du Royaume du côté de Siléfie & s'y fortifièrent, comme s'ils avoient été dans le deffein d'y attendre les Suédois. Les Envoyés de quelques Puiffances intéreffées à ménager la paix entre la Suède & la Mofcovie, tâchèrent d'y difpofer Charles XII. Le Czar l'auroit acceptée, dans la conjonéture où il fe trouvoit. Il fe voyoit privé du fecours du Roi Augufte, & ne pouvoit non plus compter fur celui du Roi de Dannemarc, qui venoit de renouveller avec le Roi de Suède le Traité de Travendal. Ainfi ce Monarque étant feul à foutenir la guerre contre la valeur & la réputation d'un Ennemi qui avoit des troupes accoutumées à vaincre, & mieux difciplinées que les fiennes, feroit entré en accommodement à des conditions avantageufes pour la Suède ; mais ce n'étoit pas l'intention de Charles. Il refufa la médiation qu'on lui propofoit, réfolu de ne faire la paix avec le Czar, qu'après en avoir pris une vengeance éclatante. Des motifs d'intérêt le fortifioient dans le deffein de porter fes armes en Ruffie. Quelques années avant

l'Eml'Empereur Moſcovite y avoit bâti, près du Golphe de Finlande, la ville de Pétersbourg, & l'avoit rendu marchande. Il avoit pratiqué un port qui en favoriſoit le commerce, & qui en lui ouvrant la navigation de la Mer Baltique, le mettoit en état de troubler le commerce de la Suède, & de tourner dans la ſuite une flotte conſidérable contre toutes les Puiſſances du Nord. Il étoit donc de l'intérêt de la Suède de s'oppoſer à l'agrandiſſement d'une nation qui devenoit tous les jours plus redoutable. Elle ſe formoit au Métier de la Guerre, à meſure que les Arts & les Sciences la civiliſoient & l'enrichiſſoient.

D'autre part l'alliance de la Suède avec la Moſcovie paroiſſoit dangereuſe à pluſieurs Puiſſances. Elles craignoient dans ce cas-là que Charles XII ſe trouvant au milieu de l'Allemagne avec une Armée en bon état, ne ſe joignît contre l'Empereur & les Alliés, aux François qui avoient pénétré dans l'Empire.

Pendant que les Envoyés de ces Puiſſances entretenoient le Roi de Suède dans ſes deſſeins contre les Moſcovites, le Comte de Wratiſlau Envoyé de la
Cour

Cour Impériale vint à Leipſig pour
ajuſter les différends de l'Empereur &
du Roi de Suède. Charles prétendoit
une ſatisfaction de l'Empereur ſur ce
qu'il avoit accordé le paſſage pour là
Siléſie à 1500 Moſcovites qui étoient entrés dans l'Empire , & favoriſé
leur retour en Pologne. 2. Il demandoit que par rapport à la Maiſon de
Holſtein, il limitât le droit de primo-
géniture, & aſſurât l'Evêché de Lubec
à la branche qui en étoit en poſſeſſion.
3. Qu'il le diſpenſât de fournir ſon con-
tingent dans la préſente guerre contre la
France , en conſidération de la longue
guerre qu'il avoit eu à ſoutenir contre la
Pologne, & de celle qu'il alloit porter
en Moſcovie. 4. Qu'en conformité de
la Paix de Weſtphalie, il accordât aux
Proteſtans de Siléſie le libre exercice de
leur Religion , & leur rendît toutes
leurs Egliſes. 5. Qu'il envoyât au camp
Suédois le Comte de Zoborn qui en
préſence du Sieur Strahlenheim Miniſtre de Suède avoit parlé peu reſpectueu-
ſement de Charles XII, & du Roi Staniſlas qu'il traitoit de rebelle, ce qui a-
voit porté le Miniſtre Suédois à le frap-
per au viſage. Le Comte de Wratislau

lau n'avoit pas d'inſtructions ſuffiſantes ſur quelques-uns de ces articles. Il a-voit ordre de ne conſentir qu'à la reſti-tution des Egliſes qui avoient été priſes aux Proteſtans de Siléſie depuis la Paix de Ryſwyck; mais Charles XII éten-doit cette reſtitution juſqu'à la Paix de Weſtphalie, dont il avoit acquis la ga-rantie par la ſucceſſion à la Couronne de Suède. L'Envoyé de l'Empereur fut obligé de retourner à Vienne pour de-mander les dernières inſtructions ſur ce ſujet. Avant de partir d'Alranſtad il rendit viſite au Prince Maximilien, & lui fit des offres de ſervices auprès de l'Empereur. Le Prince auroit bien ſou-haité de les pouvoir accepter, elles fla-toient ſon ambition, il n'oſoit eſpérer d'avancement à l'Armée de Suède où il avoit d'ailleurs toutes ſortes de ſatis-factions, & il pouvoit obtenir aiſément un Régiment dans les troupes Impéria-les.

Pendant l'abſence du Comte de Wra-tiſlau les Envoyés d'Angleterre & de Hollande conſeillèrent au Roi de Suède de marcher avec ſes troupes aux Moſco-vites ſans attendre ſon retour, lui offrans leur médiation pour régler & exécuter

tous

tous les articles de la négociation. Le Roi Charles n'y voulut pas consentir : il savoit par expérience combien peu l'on doit compter sur de telles médiations, & il étoit bien sûr que sa présence contribueroit à un plus promt succès de cette affaire.

En effet il ne tarda pas à recevoir une résolution finale de l'Empereur à ce sujet, en vertu de laquelle le Comte de Zoborn lui fut livré ; mais il le renvoya après l'avoir détenu prisonnier pendant quelques jours. Il obtint de même ses autres demandes, & après que la Cour Impériale eut promis d'exécuter à la lettre tous les articles de l'accommodement, il donna des ordres pour le départ de l'Armée ; il fit prendre les devans à l'artillerie, qu'il fit escorter par un Régiment de ses Gardes, & résolut de suivre avec le reste de l'Armée aussi-tôt que le Traité d'accommodement auroit été entièrement conclu & signé de part & d'autre. Le Comte Wratislau ne tarda pas à arriver à Alranstad avec un plein-pouvoir : toutes les difficultés étant levées, les articles de la convention furent signés & échangés par les

Re-

Représentans des deux Puiſſances con-
tractantes.

Cela fait l'Armée Suédoiſe ſe mit en
mouvement pour marcher du côté de
la Pologne. Charles XII partit enfin
de Saxe le 1 Septembre 1707, avec le
Quartier-Général & le Régiment des
Drabants. Avant de paſſer l'Elbe à
Meiſſen, il ſe rendit avec une petite
ſuite à Dreſde pour prendre congé du
Roi Auguſte. Le Prince ne put pas
l'y accompagner : un reſſentiment de ſa
maladie, qui ne lui permettoit pas de
monter à cheval, l'en empêcha.

Lorſque le Roi de Suède eut traver-
ſé la Luſace, & qu'il eut gagné les
frontières de Siléſie, le Comte de Sinzendorf Envoyé de l'Empereur ſe rendit auprès de Sa Majeſté, & lui remit
la ratification du Traité concernant les
Proteſtans de Siléſie. Il ſuivit l'Armée juſques ſur les frontières de Pologne, où elle arriva le 18 Septembre.

Pendant la marche des troupes en Siléſie, les habitans accoururent de tous
côtés pour voir le Roi de Suède, & le
remercier comme leur généreux Protec-
teur. Leurs enfans ayant remarqué que
chaque Régiment s'aſſembloit ſoir &

matin en platte campagne, & se mettoit
à genoux autour du Ministre de Camp
pour prier Dieu, prirent plaisir à les
imiter: ils s'attroupèrent en divers endroits, où ils étoient attentifs à observer, en faisant la prière, les moindres circonstances qu'ils avoient remarquées à
l'Armée Suédoise. Cela fit beaucoup
de bruit dans tout le pays, & attira un
grand nombre de personnes des environs,
qui accoururent pour être témoins d'u-
ne chose qu'ils regardoient comme surna-
turelle. Comme ces attroupemens d'enfans & de personnes âgées augmentoient
tous les jours & se répandoient dans la
Silésie, les Magistrats les firent défendre dans la crainte qu'ils ne caussassent
quelque desordre. On peut voir dans
les Actes publics de Breslaw la procé-
dure de cette affaire, que l'on a ensuite
imprimée.

Après que le Roi fut entré en Pologne, il fit alte, & laissa reposer deux
jours son Armée. Le Prince Maximilien dont la maladie avoit augmenté par
la fatigue de la marche, prit quelques
remèdes qui le rétablirent en peu de
tems.

L'Armée continua sa route, & après

avoir paſſé la Warte vint à Slupz. Le
Roi s'y arrêta quelque tems pour attendre un grand nombre de recrues qui luï
venoient de Suède. Les troupes Suédoiſes ne trouvèrent nulle part de réſiſtance ; elles mirent en fuite pluſieurs
Corps de Moſcovites répandus dans la
Pologne, qui d'abord lâchoient le pié,
& ravageoient tout ſur la route pour ô-
ter aux Suédois les moyens de ſubſiſter.
Ils brulèrent même les moulins, de ſorte que Charles pour y ſupléer en quelque façon, fit faire des moulins à bras.
Pour arrêter le dégat que faiſoit l'Ennemi, il envoya pluſieurs partis de Valaches, qui tuèrent & firent priſonniers
pluſieurs Moſcovites, mais qui ne purent
défendre du pillage les biens du Roï
Staniſlas. Liſſa qui eſt une ville marchande fut pillée & brulée, une partie de ſes habitans périt par le feu & le
fer des Ennemis, & l'autre fut faite priſonnière. Ils furent enſuite conduits à
Moſcou, où on les occupa aux nouvelles Manufactures que l'on venoit d'y
établir.

Ce fut dans ce tems-là que le Général Patkul, malheureuſe victime de la
vengeance plutôt que de la juſtice de

fon Maitre, fut exécuté à Cafimir par
fentence d'un Conſeil de Guerre. Cette
exécution qui fit par-tout beaucoup de
bruit, occafionna bien des jugemens différens. Il fut condamné à être roué
vif, & enfuite écartelé. L'arrêt que
l'on prononça contre lui, portoit qu'il
étoit coupable du crime de lèze-Ma-
jeſté & de trahiſon envers ſa Patrie, qu'il
avoit contrevenu aux ordres de Charles XI ſon Souverain, & avoit offenſé
Sa Majeſté par un Ecrit ſéditieux; que
s'étant enſuite enfui en Pologne, il a-
voit été l'auteur de la guerre que le Roi
Auguſte avoit portée en Livonie, &
avoit ſervi contre Charles XII en qualité de Général. Pour éviter une foule
de ſpectateurs qui auroient pu exciter du
tumulte, l'exécution ſe fit avec aſſez
de ſecret. Patkul ne ſut le genre de ſa
mort que lorſqu'on l'eut conduit au
lieu du ſuplice. A la vue des roues,
il s'écria en levant les yeux au Ciel, *O
mon Roi! que faites-vous?* Il ſouffrit
tout ce qu'on peut imaginer de plus
cruel & de plus terrible. Un Polonois
fut obligé de l'exécuter, qui ne ſa-
chant pas manier la roue, le fit longtems languir; car il étoit encore plein
de

de vie lorfqu'on le porta fur le bloc pour lui couper la tête, le dernier coup de roue avoit gliffé fur fa poitrine qui étoit fort graffe. C'eft ainfi que Charles XII fans refpecter le Droit des Gens immola à fa vengeance Jean Reinold Patkul, Ambaffadeur de l'Empereur de Moscovie.

Cependant le Roi de Suède étoit toujours à Slupz, où fes récrues joignirent peu à peu le corps de l'Armée. Les Régimens Allemans qu'on avoit levés en Saxe, diminuèrent beaucoup par le grand nombre de défertions. Ces nouvelles levées ne pouvoient s'accoutumer à un genre de vie & à un climat fe différent de celui d'Allemagne. Plufieurs Capitaines même & Enfeignes de cette nation défertèrent auffi. Le Colonel Gorts pour arrêter ces defordres, fit pendre de fa propre autorité plufieurs déferteurs de fon Régiment que l'on avoit arrêtés. Cela engagea le Roi à faire mettre en arrêt ce Colonel, qui fut auffi accufé d'avoir levé en Saxe des contributions pour lui-même. Il mourut en prifon d'une hémorragie, peu de jours après. De fon Régiment qui étoit de 3000 hommes, on en fit deux,

que

que le Roi donna aux Colonels Abendelh & Gyllenstiern.

Les recrues étant tóutes arrivées, l'Armée se trouva forte d'environ 43000 hommes.

Voici l'état des Troupes Suédoises qui se trouvoient alors en Pologne.

CAVALERIE.

Régimens.	Hommes.
Wrangel, Rég. des Trabans.	150.
Creuts, Rég. des Gardes.	1500.
Dahldorf.	1000.
Rosenstiern, & depuis,	1000.
Hamilton.	
Oehrenstels.	1000.
Horn.	1000.
Humerhielm.	800.
Torsten.	1000.
Cruse.	1000.
	Total. 8450.

INFANTERIE.

Régimens.	Hommes.
Bosse, Rég. des Gardes.	3000.

Frits-

Fritzen.	1200.
Sperling, & ensuite.	1200.
Appelgrun.	
Sperling, & ensuite	1200.
Oluf Sparr.	
Sparr.	1200.
Cromann.	1200.
Buchvald.	1200.
Ros.	1200.
Sigrot.	1200.
Lugercrone.	1200.
Mardefeld.	1200.
Hofn.	1800.
Ranck.	1200.
Eckenblat, Rég. Allemand.	1200.

Total 19200.

D R A G O N S.

Régimens.	Hommes.
Renschild & Rég. des Gardes.	
Hamilton.	1500.
Buchvald, ensuite.	1250.
Wrangel & le Prince Maximilien de Wirtemberg.	
Hielm.	1250.
Mayerfeld.	1500.
Tauben.	1250.

L 4

Craf-

Craffau.	1250.
Muller.	1250.
Marfchall.	1250.
Ducker.	1250.
Albendebl	1500.
Gyllenftiern.	1500.
Le Régiment François.	1250.

Dragons.	16000.
Infanterie.	19200.
Cavalerie.	8450.

Total général.	43650.

De ce tout il en faut déduire 8000 hommes qui reftèrent en Pologne, fous le commandement du Roi Staniflas.

Les Régimens de	Hommes.
Horn.	1800.
Eckenblat.	1200.
Craffau.	1250.
Muller.	1250.
Marfchall.	1250.
& le Régiment François.	1250.

	8000.

Cette Armée compofée de 35650 hom-

hommes, étoit deftinée à fuivre le Roi dans fon expédition contre les Mofcovites : elle devoit être renforcée d'un Corps de 12000 hommes, fous les ordres du Général Lévenhaupt.

C'étoit-là les forces qui répandoient par-tout en Pologne la confternation. Les Mofcovites quoique deux fois plus nombreux que les Suédois, fuyoient de tous côtés faifis d'effroi. Ils n'oferent jamais en venir aux mains, & firent précipitamment plus de cent milles dès les frontières de Siléfie jufques dans leur pays.

Le Roi décampa de Slupz le 12 Novembre avec fon Armée, qui étoit en fort bon état ; & malgré la rigueur du froid il fit plus de douze milles de fuite, & vint prendre fon quartier à Viénits, du côté de la Viftule. Le même jour, accompagné du Prince, il fe rendit à Vladiflau, à la tête d'une Compagnie de Valaches. Il commanda à dix d'entr'eux de paffer la rivière pendant la nuit pour aller reconnoître les Ennemis ; ce qu'ayant exécuté, ils rapportèrent qu'ils s'étoient retirés. Sur quoi le Roi donna des ordres pour faire conftruire un pont fur la Viftule à Vladiflau ; il

refta

resta lui-même jour & nuit pour animer les travailleurs jusqu'à ce qu'il fût prêt.

Dans ce tems-là le Roi Staniflas reçut un Ambaffadeur de la Porte, qui venoit de la part du Grand-Seigneur, pour le complimenter fur fon avènement à la Couronne, & pour renouveller l'amitié qui uniffoit les deux Puiffances. Il eut audience de Charles XII. Il fut défrayé magnifiquement pendant quatre femaines qu'il refta au Camp Suédois. A fon départ le Roi le gratifia d'une bourfe de 600 ducats, qui eft le préfent que la Cour de Suède a accoutumé de faire aux Envoyés de la Porte. L'Ambaffadeur reçut auffi un préfent du Roi Staniflas, que Sa Majefté laiffa à fon choix. Il partit de Vladiflau très fatisfait du fuccès de fon Ambaffade, & de l'affurance que Charles XII lui donna de maintenir le Roi Staniflas fur le trône de Pologne.

Cependant le Roi de Suède fit paffer la rivière à quelques Régimens, avec ordre de s'emparer de divers poftes que les Ennemis venoient d'abandonner. On fut obligé de réparer fouvent le

pont,

pont, que la rapidité de la Viſtule avoit rompu en pluſieurs endroits.

Au commencement de 1708, le Roi fit défiler toute l'Armée ſur l'autre bord du fleuve, & s'avança dans la Mazovie, où les fatigues de la marche jointes à la mauvaiſe nourriture firent périr pluſieurs ſoldats. Il n'y a pas de ſureté à voyager dans cette Province; parce que les habitans vivent de rapine; ils ne ſe font même aucun ſcrupule de détrouſſer & d'égorger leurs propres compatriotes. La diſpoſition du pays favoriſe ces brigandages. Il eſt tout entrecoupé de marais & de forêts, qui fourniſſent à ces gens-là des retraites difficiles à découvrir. Les chemins ſont d'ailleurs ſi étroits, qu'il eſt impoſſible de leur échapper.

L'Armée arriva le 20 Janvier à Praznits par un très grand froid. Elle ſe remit en marche le lendemain, & vint avec des peines infinies à Olzacky à travers un marais de la longueur de trois milles. La marche fut troublée par les Payſans des environs, qui ayant abandonné leurs habitations étoient venus malgré les incommodités de l'hiver avec leurs femmes & leurs enfans dans les bois où ils s'étoient tapis. Ils tuèrent à coups de carabines plusieurs chevaux qui appartenoient à des domestiques du Roi, & blessèrent quelques hommes sans qu'on pût les voir ni s'approcher d'eux. Ils étoient postés au-delà d'une eau fort profonde, pleine de roseaux qui les couvroient. Ils furent si hardis que de se glisser pendant la nuit dans un village où le Roi avoit pris son quartier, & de tirer par la fenêtre d'une écurie sur les chevaux des Trabans, de même que sur plusieurs chevaux de main dont se servoit le Roi.

Le Roi ayant continué sa route avec le quartier-général vers les frontières de Lithuanie, eut à peine fait une mille, que ces Paysans cachés dans le bois recommencèrent à tirer, & tuèrent sept Valaches qui avoient pris les devans avec les Quartiers-Mestres de l'Armée. Ils firent rebrousser chemin à ceux-ci, & obligèrent le Roi à faire alte dans une petite plaine qui étoit au milieu de la forêt. Il jugea à propos d'y passer la nuit avec sa suite, parce qu'ayant à passer un marais d'une mille d'étendue, il ne vouloit pas exposer ses gens à être tués

tués par ces Payſans, qu'il étoit impoſſible de repouſſer.

Le Roi mortifié de ſe voir arrêté dans
ſa marche, réſolut de faire une tentative pendant la nuit contre les Payſans.
Il prit avec lui 50 hommes d'Infanterie, & accompagné du Prince il s'avança dans la forêt à travers le marais. Il
en parcourut une bonne partie, ayant
de l'eau juſqu'à la ceinture; mais n'ayant
rencontré perſonne, il revint au milieu
de la nuit fort fatigué de ſa courſe.

Les Payſans parurent le jour ſuivant
en fort grand nombre, & menacèrent
quelques Valaches qui avoient pris les
devans de les tuer tous, s'ils ne leur
payoient dix écus par tête pour le paſſage. S'étant cependant contentés de ſix,
ils firent préſent aux Valaches de quelques pièces de gibier, & ils promirent
de laiſſer paſſer le Roi, à condition
qu'il leur payât une petite contribution,
& que pour ſureté il leur envoyât préalablement des ôtages, Le Roi indigné
que ces gens-là vouluſſent lui faire la
loi, ordonna à quelques Régimens d'aller à leur pourſuite, & de tuer ſans
quartier tout ce qu'ils trouveroient ſous
leur feu. Pour arrêter l'inſolence de

ces

ces Payſans, il s'avança lui-même avec ſa ſuite, & pénétra fort avant dans le marais du côté où ils avoient paru. Il y en eut un qui oſa s'avancer pour demander le paſſage; mais on ne lui répondit que par un coup de fuſil qui l'étendit ſur la place. Les Payſans voyant avancer vers eux le détachement Suédois, commencèrent à perdre courage: les uns s'enfuirent à qui mieux mieux, & les autres ſe cachèrent dans le marais derrière des arbres. Un d'eux qui tenoit ſon enfant entre les bras, voulant ſe ſauver ſe jetta dans le feu où il ſé chauffoit: ce que les Suédois ayant apperçu, ils accoururent auſſi-tôt, croyant que c'étoit quelque choſe de précieux, & eurent le tems de ſauver ce pauvre enfant. Ils ſe rendirent enfin maitres des fuyards après les avoir longtems pourſuivi, & les amenèrent au Roi, qui les condamna à être pendus. Un d'entr'eux fut obligé de faire l'office de bourreau, & fut enſuite tué d'un coup de piſtolet.

Cette exécution faite, le Roi continua ſa route, & vint à Kolno, qui eſt à l'extrémité de la forêt, ſituée ſur les frontières de Lithuanie. Il s'y arrêta un jour pour attendre le bagage qui ſui-

suivoit lentement, & se rendit ensuite
à Wasoz, où il passa la rivière Pisch.
L'Armée souffrit beaucoup dans cette
marche, le froid augmentoit tous les jours,
les chemins n'étoient que bois & marais, & les vivres commençoient à manquer. Le Roi y perdit plusieurs beaux
chevaux qui restèrent enfoncés dans les
marais, où il fit jetter quelque pièces
d'artillerie, que l'on ne pouvoit plus
transporter faute de chevaux.

Sur ces entrefaites on reçut avis qu'un
Corps de 6000 Moscovites étoit posté
aux environs de-là. Le Roi courut
aussi-tôt les chercher ; mais les Ennemis
s'étant enfui précipitamment, lui épar-
gnèrent la peine de les déloger de leur
poste. Après s'en être emparé, & y a-
voir laissé l'Armée, Charles s'avança secrettement avec 600 hommes vers Grodno, dans l'espérance d'y surprendre l'Ennemi. Il arriva de nuit à une des portes de la ville, & ayant attaqué deux
sentinelles avancées il tua deux hommes
de sa propre main. Le Czar qui étoit
dans la ville croyant avoir toute l'Armée Suédoise sur les bras, se retira avec
ses troupes par la porte opposée. Le
Prince fit prisonniers deux soldats qui

aavoient tiré sur lui. Les quatre Suédois ayant fait prisonniers un Lieutenant & cinquante soldats, se rendirent maitres de la ville sans aucune résistance.

Cependant les Moscovites honteux d'avoir cédé la place à 600 Suédois, revinrent à la faveur de la nuit à Grodno au nombre de 1500, dans le dessein de les surprendre, mais cette tentative ne leur servit de rien. Il furent repoussés & mis en fuite après quelque résistance, par un petit nombre de Suédois. Le Prince & le Feld-Maréchal Renschild coururent risque d'être faits prisonniers. S'étant égarés dans l'obscurité de la nuit, ils joignirent les Moscovites pensant que c'étoit des Suédois. Ils reconnurent aussi-tôt leur méprise au langage des Ennemis. L'obscurité qui les avoit engagés dans ce mauvais pas, servit aussi à les en tirer heureusement. Ils eurent le bonheur de rentrer dans la ville, sans avoir été reconnus par les Moscovites.

Le jour suivant Charles XII ayant fait venir l'Armée à Grodno, marcha à l'Ennemi pour lui livrer bataille. Mais les Moscovites ayant remarqué le dessein de l'Armée Suédoise, évitèrent

le

le combat, espérant la ruïner peu à peu avec moins de risque, par des marches & des contremarches continuelles. Ils prirent la fuite, & ravagèrent tout sur la route, pour ôter aux Suédois les moyens de subsister.

Le Roi ne laissa pas de les poursuivre, & après avoir passé la rivière Puira à Aschizgy, il vint par Holschang à Smorgonie, petite ville dépendante du Palatinat de Wilna. Il s'y arrêta quelques jours, pour laisser reposer l'Armée. Il y avoit nombre de malades, & elle manquoit de vivres. Les Chefs des Régimens rapportèrent qu'ils ne trouvoient dans le pays presque aucune provision, & que les plus nécessaires y manquoient, le pain & la bière. Le Roi se persuada que l'eau pourroit suppléer à la bière sans causer d'incommodité. Il fit distribuer aux malades celle qui lui restoit, & se mit dès ce jour à boire de l'eau pure, ce qu'il continua pendant toute sa vie. A son exemple plusieurs soldats voulurent aussi en boire ; mais comme elle étoit extrêmement bourbeuse, la plupart s'en trouvèrent mal & en moururent. Dans cette disette, des Marchands de Prusse amenèrent au quartier

tier du Roi des vivres & toutes sortes de marchandises. Mais ces provisions n'étant pas suffisantes pour toutes les troupes, elles furent consommées en peu de tems.

Le Roi s'avança ensuite dans le pays, espérant y trouver de quoi fournir à la subsistance de l'Armée, & prit son quartier à Radoskiewitse à 12 milles de Smorgonie. Les habitans de cet endroit & des environs avoient abandonné leurs maisons, & s'étoient enfui avec tout ce qu'ils avoient pû emporter de provisions. On découvrit cependant quantité de grains qu'ils avoient réservé dans des magasins pratiqués sous terre. Ces magasins furent d'un grand secours pour l'Armée dans un pays qui étoit fort stérile; car la Lithuanie est bien différente de la Pologne. Elle est pour la plus grande partie couverte de vastes & épaisses forêts, & entrecoupée de beaucoup de lacs & de marais. Elle produit pourtant une grande abondance de cire & de miel, à cause de la grande quantité d'a-beilles qu'il y a dans les bois, où elles ont leurs ruches dans des troncs d'ar-bres. On en fait une boisson fort a-gréable qu'on nomme hidromel, & qui

est

est très commune dans ce pays.

Pendant que l'Armée Suédoise se repofoit de ses fatigues dans le Palatinat de Minski sur la route de Moscovie, les Grands de Pologne s'affemblèrent à Wilna, & y délibérèrent sur la conjoncture préfente des affaires. On y agita la queftion, s'il falloit déclarer la guerre aux Moscovites; la négative l'emporta. Comme la Pologne étoit encore agitée par des troubles, on eftima que la préfence du Roi Stanislas étoit abfolument néceffaire pour gagner ou tenir en refpect les mécontens. Le Sieur Sinawsky étoit un des plus zélés & des plus dangereux. Il étoit maitre d'une partie de l'Armée de la Couronne, & pouvoit fe faire un fort parti à la faveur de l'argent que lui faifoit toucher le Czar. Ainfi le Confeil de Wilna jugea qu'il n'étoit point de l'intérêt de la République d'entreprendre une guerre étrangère, pendant que des Ennemis domeftiques confpiroient contre elle.

En conféquence de la réfolution qui venoit d'être prife, le Roi Stanislas partit de Wilna pour la Pologne, & fut fuivi du Corps de troupes Suédoifes

com-

composé de six Régimens, sous les ordres du Général-Major Crassau.

Dans ce tems-la le Sieur Knieperona,
qui avoit été jusqu'alors Envoyé de
Suède à la Cour de Moscovie, se rendit
auprès de Charles XII, en vue de lui
proposer de la part du Czar un cartel
pour l'échange des prisonniers. Le Roi
n'y voulut pas consentir, se flatant de
forcer dans peu les Moscovites par la
force des armes à lui rendre les prisonniers Suédois sans faire aucun échange.
Mais la fortune qui avoit été constam-
ment attachée à toutes ses entreprises,
ne répondit pas dans la suite à ses fla-
teuses espérances; & il eut sujet de se
repentir de n'avoir pas accepté la proposition du Czar, lorsqu'après avoir perdu la bataille de Pultowa, les Moscovites refusèrent le cartel d'échange que le
Général Mayerfeld leur proposa de sa
part.

Cependant les Suédois en venoient souvent aux mains avec les Moscovites, &
toujours avec avantage pour les prémiers. Ces petites victoires ne laissoient
pas de les affoiblir, pendant que les
Ennemis recevoient tous les jours quelque renfort de troupes. L'Armée Suédoise

doife diminuoit fenfiblement, tant par
de petits combats, que par les maladies
qui enlevèrent plufieurs jeunes géns
pleins de valeur, entr'autres ce Prince
Italien de la Maifon Mazarin dont nous
avons déjà parlé. Il fut remplacé par
un Prince Lubomirsky, qui avoit été
confacré dans fa jeuneffe par fes parens à
l'Etat Eccléfiaftique, & mis dans un
Couvent de Francifcains. Il fut enfuite Envoyé par le Pape à la Chine en
qualité de Miffionaire, & il y conver-
tit à la Foi Chrétienne plus de 6000
perfonnes. De retour en Europe, la
lecture de l'*Examen du Concile de Trente*
lui fit naître des fcrupules fur la Religion Catholique, & le difpofa à embraffer la Proteftante. Après avoir été
examiné fur fa croyance par les Ministres de l'Armée Suédoife, il fit abjura-
tion en préfence du Roi & d'un petit
nombre de perfonnes.

Sur la fin de Mai, que l'on fe difpofoit à entrer en campagne, un Envoyé
Mofcovite arriva au quartier-général.
Il déclara qu'il avoit à communiquer
au Roi des affaires importantes de la
part de fon Maitre, & fit entendre qu'il
étoit chargé de faire des propofitions de

paix.

paix. Charles refufa de lui donner audience, & de recevoir les Lettres qui lui étoient écrites à ce fujet. Il fit dire au Czar qu'il traiteroit de la paix à Mofcou. Si le Roi de Suède, dans l'état fâcheux où fe trouvoit fon Armée, avoit été éclairé fur fes véritables intérêts ; ou plutôt s'il n'eût pas été aveuglé par un efprit de vengeance que rien ne pouvoit fléchir, il auroit accepté la paix que le Czar lui propofoit à des conditions très avantageufes. Il offroit de lui rendre l'Ingrie, & les autres conquêtes qu'il avoit faites pendant le cours de la guerre, & de lui donner un équivalent de la ville de Pétersbourg. Le Czar fe trouvoit cependant alors dans des circonftances affez heureufes. Ses troupes s'aguerriffoient tous les jours, & pouvoient fupporter de très grandes fatigues, Il avoit fur pied une Armée de 150000 hommes, & pouvoit en peu de tems réparer fes pertes. Les munitions de guerre & de bouche ne lui manquoient point. Le pays lui étoit parfaitement connu, & il pouvoit facilement dreffer des embuches à l'Armée Suédoife. Charles XII au contraire n'avoit prefque aucun de ces avantages. Son

An

Armée qui étoit fort inférieure à celle
des Moscovites dépériſſoit tous les jours,
& ne pouvoit être renforcée que difficilement dans un pays éloigné de ſes E-
tats. Elle manquoit de vivres, les
Ennemis pouvoient lui couper les convois, & le pays ravagé & inculte ne lui
fourniſſoit pas dequoi ſubvenir à la diſette. Dans cette conjonĉture, la terreur de ſes armes & la confiance de ſes
troupes pouvoient ſeules balancer les a-
vantages de l'Ennemi à qui il faiſoit la
guerre. Toutes ces conſidérations faiſoient ſouhaiter la paix au Miniſtère
Suédois; & il n'y a pas lieu de douter
que ſi le Sénat de Suède avoit conſervé ſon autorité, la paix n'eût été alors
conclue entre la Moſcovie & la Suède.
On auroit dit que la plupart des Officiers de l'Armée avoient un ſecret preſ-
ſentiment des malheurs qui les mena-
çoient. On leur remarquoit un air
triſte & ſombre qui ne leur étoit pas
ordinaire. Ils étoient rebutés des fatigues d'une ſi longue guerre, qui leur
en annonçoit de plus grandes dans le
pays inculte & peu habité où Charles
tranſportoit le théatre de la guerre. Cependant leur répugnance céda à leur fidélité

délité & à leur amour pour le Roi, qui leur donnoit en sa personne l'exemple d'une haute valeur & d'une vie dure & active.

Avant que Sa Majesté quitât Radokiévits, elle envoya un ordre au Comte de Lévenhaupt qui étoit en Pologne, de venir joindre l'Armée avec les 12000 hommes qu'il commandoit, & de lui amener de l'artillerie avec des munitions de guerre & de bouche.

Le Roi fit aussi expédier un ordre à tous les Régimens, de congédier les femmes qui avoient suivi l'Armée, & de n'en laisser que deux dans chaque Compagnie. On lui fit à ce sujet de très humbles remontrances, qui ne furent point écoutées. Il réitéra le même ordre sous de sévères peines. La plupart de ces femmes qui avoient suivi leurs maris dès le commencement de la guerre, furent obligées de les quiter sans espérance de les revoir. Après leur départ Charles fit rompre par-tout les ponts, pour les empêcher de revenir à l'Armée.

Peu de tems après le Baron de Sittman, Ajudant-Général du Roi de Prusse, se rendit au quartier du Roi de Suède, pour traiter de quelques affaires

de

de la part de son Maitre. Comme Charles avoit refusé à des Envoyés d'autres Puissances de les recevoir sous un caractère public, il se fit introduire sous le titre de Volontaire, & demanda au Roi la permission de le suivre dans son expédition contre les Moscovites. Sa négociation eut tout le succès qu'il pouvoit souhaiter. Sa Majesté fut extrêmement surprise de ce qu'il avoit pu arriver à l'Armée avec sa suite par un pays ruïné, & à travers des marais & des rivières, ce qui lui avoit paru impossible depuis qu'on avoit rompu les ponts de tous côtés. Cet Officier suivit l'Armée Suédoise jusqu'à Pultowa, où il fut témoin de sa défaite. Il se rendit ensuite à la Cour du Czar, & y rendit plusieurs services au Prince Maximilien, qui fut fait prisonnier par les Moscovites.

Charles XII, qui témoigna toujours beaucoup de zèle pour la Religion Protestante, adressa dans ce tems-là aux Ecclésiastiques de Silésie, un Monitoire par lequel il les exhortoit à n'admettre au Ministère aucun Piétiste, de peur que cela ne fît tort à la Réformation.

Après avoir fait la revue des troupes,

M ij

il partit de Radoskiévits le 16 Juin, &
vint par Grodeck à Minsk Capitale du
Palatinat de ce nom. De-là il passa par
Thumain, & arriva le 19 sur les bords
de la rivière de Bérézine. Le Prince
donna dans cet endroit une marque de
l'attachement qu'il avoit pour le Roi,
& exposa sa vie pour sauver celle de S.
M. S'étant avancé avec un Régiment
d'Infanterie pour reconnoître la rivière,
le Roi la trouva gardée de l'autre côté
par quelques Cosaques, qui étoient postés derrière des broussailles. Comme
la rivière n'étoit pas large, le Roi qui
étoit à la tête du Régiment, fit faire
sur eux quelques salves. Les Cosaques
y répondirent par un feu de mousquetterie encore plus grand, de sorte que
plusieurs bales passèrent fort près de Charles. Le Prince voyant le danger auquel
étoit exposé le Roi qui ne quita point
la place, il s'avança avec quelques Officiers, & fit une petite diversion. Les
Cosaques alors s'attachèrent à lui, &
redoublèrent le feu de leur mousquetterie. A peine eut-il fait vingt pas, qu'une
bale l'atteignit dans l'aine au dessus de
la hanche gauche & sortit de l'autre côté. Il cacha sa blessure, pour ne pas
donner

donner fujet à l'Ennemi de s'en glorifier; & ayant encore affez de force pour fe tenir à cheval, il revint à petits pas joindre le gros de la troupe. Le Roi fut fort inquiet de la bleffure du Prince, d'autant plus que les Chirurgiens de l'Armée & le bagage n'étant pas encore arrivés, on ne pouvoit lui donner un prompt fecours. Il le fit tranfporter à quelques pas de-là dans une Chapelle Grecque, & l'y laiffa repofer jufqu'à l'arrivée d'un Chirurgien, qui ayant mis le prémier appareil en fa préfence, trouva qne la bleffure étoit dangereufe. Elle étoit accompagnée de viôlens vomiffemens, & avoit caufé dans la hanche gauche une roideur qui s'étendoit jufqu'à la jambe, & le rendoit comme perdlus. Sur ces entrefaites le bagage étant arrivé, le Roi fit porter le bleffé dans fa tente, & eut toutes fortes de foins de lui. Le Prince étoit d'abord d'avis d'aller à Konisberg pour s'y faire traiter, parce qu'il craignoit que fa bleffure n'empirât à l'Armée, par le défaut des remèdes néceffaires, & par la marche continuelle des troupes. Il changea pourtant de fentiment, ne pouvant fe réfoudre à quiter le Roi qui lui té-

moi-

paroissoit dangereux de tenter ce passage à la vue des Ennemis, qui étoient
très bien retranchés de l'autre côté de la
rivière. Outre un profond fossé qu'ils
avoient devant eux, ils étoient défendus
par un bon parapet garni de deux batteries, dont ils faisoient un terrible feu sur
les Suédois.

A peine le Prince fut-il arrivé au
camp, qu'ayant entendu le bruit de
l'artillerie il ne put s'empêcher de monter à cheval pour s'éclaircir de ce que
c'étoit. Le Roi l'ayant rencontré, le
pria de ménager sa santé qui n'étoit pas
encore bien rétablie; l'assurant que s'il y
avoit quelque engagement avec l'Ennemi, il ne manqueroit pas de le lui faire
savoir. Là-dessus le Prince retourna au
camp, où il arriva sans se trouver incommodé de l'essai qu'il venoit de faire
de ses forces depuis le jour de sa blessure.

Le jour suivant le Roi alla reconnoître les Ennemis. Il parut qu'ils n'é-
toient pas disposés à quiter leur camp.
Ils tirèrent des lignes de circonvallation
le long de la forêt qu'ils avoient en flanc
& derrière eux, & dressèrent de nouvelles batteries. Ils célébrèrent le jour

de

de la fête du Czar, & en figne de réjouïffance firent fur les Suédois plufieurs falves d'artillerie, qui ne leur firent pas grand mal. Ceux-ci reftèrent coi's & fe contentèrent de leur répondre par quelques décharges de moufquetterie.

On apprit par les transfuges Mofcovites que les Ennemis étoient au nombre de 15000 hommes tant Cavalerie qu'Infanterie, fous le commandement du Général Rhene, outre un corps confidérable de Calmuks. Que Menzikopf occupoit un pofte avec 1000 hommes à quelques milles au-delà; & que de diftance en diftance on trouvoit jufqu'au Borifthène un corps de troupes fraîches.

Le Roi après avoir attendu quelques jours pour juger des deffeins de l'Ennemi, réfolut de traverfer la rivière, & de l'aller charger, efpérant le mettre bientôt en fuite. Il monta de grand matin à cheval, le 5 jour du campement, & s'avança le long de la rivière à une demi-mille au-deffus de la ville avec les Régimens des Gardes à pié & à cheval, & deux autres d'Infanterie. Il donna ordre auffi-tôt de bâtir un pont dans cet endroit pour paffer la rivière. Pendant ce tems-là l'artillerie ennemie

qui

qui tiroit continuellement fur les batteries Suédoifes élevées fur une hauteur ouverte de tous côtés, tua un grand nombre de Canoniers & d'Officiers d'artillerie. Le Roi impatient d'en venir aux mains avec l'Ennemi, ne put attendre que le pont fût achevé. Il donna ordre à fon corps de troupes de paffer la rivière à gué. Il s'y jetta le prémier à la tête de l'Infanterie, ayant de l'eau jufqu'au deffus de la ceinture. Dès que la Cavalerie qui fuivoit eut gagné l'autre bord, l'Infanterie commença l'attaque, & pénétra dans le camp ennemi par l'ouverture des lignes.

Pendant ce tems-là Renfchild ayant fait faire un mouvement à deux Efcadrons de Dragons qu'il commandoit, alla prendre les Mofcovites en flanc. Il chargea d'abord avec avantage leur Cavalerie, qu'il écarta de l'Infanterie. Cependant il fut enfuite obligé de plier & de perdre un peu de terrain, accablé par une multitude d'ennemis qui fe fuccédoient continuellement. Le Régiment des Drabants étant accouru à fon fecours, il retourna à la charge l'épée à la main avec beaucoup de valeur, fous un feu terrible des Mofcovites qu'il enfonça.

fonça. Il les chaffa de leurs lignes, &
les pourfuivit à plus d'une mille. Tou-
tesfois les fuyards ayant été renforcés
par des troupes fraîches, fe rallièrent
plufieurs fois pour faire tête aux Dragons Suédois. Ceux-ci ayant été auffi
fecourus par quelques Compagnies de
Cavalerie, arrêtèrent les efforts des Mofcovites, & les repouffèrent jufques dans
un marais où plufieurs furent nóyés. Ce
combat dura environ quatre heures, &
fut fort rude. Le Régiment des Drabants, qui n'étoit que de 120 hommes,
fut fort maltraité. Ils s'étoient partagés en plufieurs petits pelotons, & a-
voient attaqué des Efcadrons entiers
d'Ennemis. Sept d'entre eux reftèrent
fur la place avec le Général-Major Wrangel leur Capitaine-Lieutenant, & 32 furent dangereufement bleffés, dont plufieurs reçurent jufqu'à dix bleffures.
Cette perte parut fort confidérable, parce que ce Régiment n'étoit compofé
que de gens de naiffance & d'une bravoure diftinguée, qui avoient rang de
Major ou de Lieutenant-Colonel.

Cependant l'Infanterie Suédoife, conduite par le Roi & le Prince, avoit pénétré fans aucune réfiftance dans les li-

M 5   gnes.

gnes des Moscovites. Il avoit fondu
sur l'Infanterie ennemie qui étoit forte
de 28 Bataillons; & malgré un feu continuel de mousquetterie, lui avoit fait
abandonner ses retranchemens sans tirer
un seul coup, & l'avoir poussé jusques
dans la forêt voisine. Comme elle étoit
fort épaisse, il ne jugea pas à propos de
l'y poursuivre. Il revint sur le champ
de bataille, content d'avoir chassé l'ennemi de ses lignes, & de s'être rendu
maitre de son artillerie.

Le Prince eut dans cette action une
rencontre singulière. Un Officier Moscovite s'étant détaché de sa troupe, s'a-
vança vers lui & lui dit, *Venez ici, si
vous êtes un brave homme;* il lui tira en
même tems un coup de pistolet, & le
manqua. Sur quoi le Prince lui passa
son épée à travers le corps, & le renversa de dessus son cheval. Le Prince ne
fut point blessé dans ce combat: il y
perdit un cheval qui fut tué sous lui,
& qui fut d'abord remplacé par un autre que le Roi lui fit amener.

Cette victoire qui étoit fort glorieu-
se pour les Suédois, leur coûta cependant
dant assez cher. Il eurent 250 Soldats
de tués, & environ 1000 de blessés.

La

La perte des Ennemis alla à près de 1100 hommes, tant tués que blessés ou prisonniers. Ils y perdirent de plus 21 pièces de campagne, quelques chariots chargés de munitions de guerre, une paire de timbales & deux étendarts.

Quelques personnes prétendent que Charles auroit pu pousser loin les avantages de cette victoire, & tailler en pièces ou faire prisonnière une grande partie de l'Infanterie ennemie, s'il l'avoit d'abord fait poursuivre par sa Cavalerie.

Quoi qu'il en soit, le Roi après avoir fait enterrer les morts, se remit en marche le jour suivant du côté de Mohilow, place frontière de Lithuanie & de Moscovie. Les Ennemis fuyant toujours devant lui y passèrent le Boristhène sur plusieurs ponts, qu'ils rompirent après eux. Le Roi campa près de Mohilow, & y laissa reposer quelque tems les troupes. On trouva dans cette ville des vivres pour l'Armée, qui en avoit grand besoin. Elle avoit beaucoup souffert dans la marche, des pluies continuelles qu'il avoit fait durant plusieurs semaines, & d'un grand froid qui survint ensuite au milieu de Juillet.

M 6

Pen-

Pendant le campement Charles célébra un grand Jour de jeûne & d'actions de graces, en mémoire de la victoire qu'il avoit remportée sur les Saxons près de Riga en Juillet 1701, & de celle de Cliſſau gagnée le même mois en 1702.

S'étant enſuite approché du Boriſthène, il donna ordre qu'on y conſtruisît deux ponts pour le paſſage de l'Armée. L'Ennemi ne s'y oppoſa point, il ſe retira vers le Duché de Smolensko, méditant le deſſein d'empêcher la jonction de Lévenhaupt, lorſque le Roi de Suède auroit paſſé le fleuve. Ce Général avoit déjà paſſé la Courlande, & s'avançoit dans la Lithuanie avec ſon corps de troupes, amenant au Roi de l'artillerie & un convoi conſidérable. La jonction auroit pu ſe faire à Mohilow, ſans crainte d'aucune inſulte de la part de l'Ennemi.

L'Armée Suédoiſe avoit ſes derrières entièrement libres, & les Moſcovites poſtés au-delà du Boriſthéne, ne pouvoient pas couper ſes convois. Charles impatient de pouſſer la guerre dans les Etats du Czar, laiſſa Lévenhaupt en arrière, comptant trop ſur la valeur des

des Suédois, auxquels il s'imaginoit que rien ne pouvoit réſiſter. Cependant ſes eſpérances furent bien trompées, comme nous le verrons dans la ſuite.

Pendant que l'on travailloit aux ponts, il ne ſe paſſa rien de conſidérable. Il n'y eut que quelques eſcarmouches avec les Calmuks, qui traverſant le fleuve à la nage venoient butiner près du camp Suédois, & enlevoient les chevaux qui étoient au pâturage.

On trouva dans Móhilow des billets que le Czar y avoit fait répandre. Il invitoit les Soldats Suédois à paſſer dans ſon Armée, leur promettant à tous des conditions fort avantageuſes; de l'argent & un ſauf-conduit pour joindre ſurement les troupes Moſcovites.

· Les ponts étant achevés, le Roi fit préparer tout pour le départ de l'Armée, il fit lever quelques contributions dans le pays, & amaſſer autant de proviſions qu'on en put trouver. Cela fait les troupes commencèrent à défiler le 15 d'Août ſur le Boriſthène, à la vue d'un corps de Calmuks qui les obſervoient d'un bois voiſin. Après que toute l'Armée eut paſſé le fleuve, le Roi fit rompre les ponts, & ſuivit ſur la route de

Zéri-

Zérikow les Ennemis, qui abandonnèrent sans grande résistance les postes & les villes qu'ils occupoient sur les frontières de Moscovie. Ils se contentoient en fuyant, de gâter les chemins suivant leur coutume, & de ruïner le pays. L'Armée vint camper près de Maladize à trois milles de Alseislaw, après avoir escarmouché plus d'une fois sur la route avec l'arrière-garde Moscovite, & remporté toujours quelque avantage.

Elle trouva au-delà de cette ville un corps considérable d'Ennemis retranchés dans un marais. On jugea à leurs mouvemens qu'ils avoient envie de venir attaquer. En effet ils s'avancèrent le 9 de Septembre avec quelques Régimens jusqu'à l'avant-garde des Suédois; mais l'ayant trouvée sur ses gardes, ils n'osèrent jamais l'entamer, & s'en retournèrent sans avoir rien entrepris. Le jour suivant ils revinrent de grand matin avec dix Régimens d'Infanterie & de Grenadiers & trois Régimens de Cavalerie, & s'étant approchés des Suédois à la faveur d'un épais brouillard, ils surprirent trois Régimens d'Infanterie & un de Cavalerie qui faisoient l'a-

l'avant-garde., & tombèrent fur eux a-
vint qu'ils fe fuffent rangés en bataille,
& avec un fi terrible feu de moufquetterie., que l'allarme fe répandit auffi-tôt
dans le quartier-général, quoiqu'il fût
affez éloigné. Le Roi accourut auffi-
tôt fuivi du Prince, qui n'ayant pas
eu le tems de s'habiller, mit les jambes
nues dans fes bottes. Les Suédois acca-
blés par le nombre des Ennemis, avoient
déjà perdu bien du monde, malgré l'intrépidité & la bravoure avec laquelle ils
tâchoient de repouffer leurs efforts. Le
Prince ayant remarqué que l'on pouvoit
attaquer l'Ennemi avec avantage en le
prenant en flanc, le dit au Roi. Avec
la permiffion de Sa Majefté il fe mit à
la tête d'un Régiment, & ayant fait un
petit détour il fondit avec tant de furie
fur les Ennemis, que les Suédois qui
commençoient à plier reprirent courage.
Les Mofcovites après un heure de combat furent culbutés, & repouffés avec
grande perte jufques dans leurs retranchemens.

Trois-cens Suédois périrent dans cette attaque, & un Colonel nommé Ro-
fenftirn & huit-cens furent bleffés, outre plufieurs Officiers de marque. Les
En-

Ennemis y perdirent 800 hommes, qui restèrent sur le champ de bataille. La nuit suivante le Roi fit prendre les devans au bagage, & suivit avec l'Armée. Il passa près des retranchemens ennemis. Les Moscovites attentifs aux mouvemens des Suédois, venoient de les abandonner, après avoir ordonné à un corps de 2000 Cosaques de rester en arrière pour observer la marche de l'Armée Suédoise.

Comme la disette des vivres augmentoit tous les jours, le Roi jugea à propos de diviser l'Armée. Slipenbach précéda avec 4000 hommes, & le reste de l'Armée suivit marchant sur trois colonnes. Le quartier-géneral alla à Milekouva. Près de-là l'Ennemi fit une tentative qui ne lui réussit pas. Il tomba tout d'un coup sur le bagage Suédois, & fut repoussé par deux Régimens de Dragons avec perte de 150 hommes.

Peu après il y eut un engagement plus sérieux. Le Général Russe Baur s'étoit posté sur le passage dans un moulin avec un détachement de Cavalerie. Le Roi y envoya d'abord les Valaches, qui chargèrent les Calmuks, & se battirent avec beaucoup de résolution, jusqu'à ce que quelque Cavalerie

lérie étant arrivée, Charles prit avec lui
un Corps de 5 Escadrons, se mit à la
tête d'une partie de la moitié, & donna l'autre à commander au Prince. Ils
allèrent fondre avec beaucoup d'impé-
tuosité sur les Ennemis, qui étant fort
supérieurs en nombre les enveloppèrent
souvent, & les pressèrent fort vivement. Dans le feu de la mêlée le Prince s'engagea dans un rang des Ennemis,
mais il ne fut point reconnu à cause de
la fumée & de la poussière. Un Officier Moscovite qui se trouva à côté
de lui dit en le frappant sur l'épaule, *Allons, mon Ami, courage*. Sur
quoi le Prince retourna à toute bride
joindre les Suédois, & courut risque
d'en être tué, n'en ayant pas d'abord
été reconnu. Cependant le Roi se bat-
toit avec une bravoure étonnante. Il
avoit été entouré par les Ennemis, & en
avoit tué plusieurs. Quelques Suédois qui combattoient autour de lui, a-
voient péri par le feu des Moscovites ;
son cheval venoit d'être tué sous lui ; &
n'étant soutenu que par un petit nombre
de Suédois il couroit risque d'être fait
prisonnier, si le Colonel Dahldorf n'é-
toit accouru à son secours. Il passa sur
le

le ventre aux Moscovites & aux Calmuks avec son Régiment, & perça jusqu'au Roi, qu'il aida à enfoncer les Ennemis & à les mettre en fuite.

On peut juger de la bravoure avec laquelle les Suédois se défendirent dans ce combat, par le grand nombre de leurs Ennemis. Ils avoient eu à repousser les efforts de 10000 Moscovites de troupes réglées qui les pressoient de front & en flanc, pendant qu'un corps de 5000 Calmuks les sabroit par derrière, & leur coupoit la retraite & les secours qui leur pouvoient venir. La victoire cependant se déclara pour eux.

Après un combat fort opiniâtre les Moscovites étonnés de l'intrépidité extraordinaire des Suédois commencèrent à foiblir & à lâcher le pié, l'épouvante augmenta de plus en plus leur désordre, & n'ayant pu se rallier ils prirent la fuite & abandonnèrent le champ de bataille. Charles XII perdit cinquante hommes dans cette action & deux Ajudans Généraux, qui ayant été envoyés pour faire venir quelque renfort, furent inhumainement massacrés en chemin par les Calmuks. Le Roi ayant été joint par le reste de son Corps de troupes s'avan-

ça

ça jufqu'à Tartfchin, toujours à la pourfuite de l'Ennemi, faifant mine de pénétrer en Mofcovie par le pays de Smolensko. Le Czar qui s'attendoit à l'irruption des Suédois dans fes Etats, rendit autant qu'il put les chemins impratiquables, & fit bruler tous les villages
qui étoient fur la route jufqu'à fa capitale.
Le deffein cependant du Roi de Suede n'étoit pas de fuivre l'Ennemi dans
la route de Mofcow, & il parut peu
après que fa marche de Mohilow à Tartfchin n'avoit été qu'une feinte pour
l'amufer. Charles arrivé dans ce dernier endroit, confia fon projet fous le
feau du fecret au Général-Major Lagui-
crone, & l'ayant détaché de l'Armée
avec 6000 hommes, lui ordonna de
tourner au midi dans le Duché de Sévérie, pour pénétrer enfuite dans l'U-
kraine ou le pays des Cofaques, Province qui étoit fous la protection des
Mofcovites, & de fe rendre maitre
avec toute la diligence poffible de tous
les poftes importans qu'il trouveroit fur
fa route. Les intelligences fecrettes
que le Roi de Suède entretenoit avec
Mazeppa, Chef des Cofaques, donnèrent lieu à cette nouvelle expédition

Ce

Ce Général impatient de fe fouftraire à la domination du Czar, qui traitoit en efclaves les Cofaques comme fes propres Sujets, attendoit depuis longtems une occafion favorable de fecoüer le joug Mofcovite, & de fe rendre indépendant. Dans cette vue, il avoit réfolu de paffer avec fes troupes du côté de Charles. Il avoit recherché fon amitié, & lui avoit offert fes fervices. Charles écouta favorablement ces offres, il avoit befoin de troupes & de vivres. Dans cette circonftance le corps de Cofaques que commandoit Mazeppa, qui étoit de 20000 hommes, venoit fort à propos pour renforcer fon Armée, fatiguée & diminuée par tant de pénibles marches, & pouvoit lui être d'un grand fecours dans fon expédition contre les Mofcovites, au milieu d'un pays qui étoit parfaitement inconnu aux Suédois. L'Ukraine, Province extrêmement fertile, lui offroit auffi une grande abondance de vivres pour refaire fes troupes affamées, & pour établir des magafins. Elle l'approchoit de la Pologne, & le mettoit à portée de recevoir du Roi Staniflas des troupes auxiliaires dans le pays ennemi, qui étoit ouvert de tous côtés.

Tels

Tels étoient les avantages apparens que présentoit au Roi Charles la ligue du Général des Cosaques ; aussi n'avoit-il pas balancé à l'accepter : il ne l'avoit caché avec tant de soin, qu'afin que l'Ennemi trompé par les apparences continuât à fuir du côté de Moscow, & lui laissât la liberté de s'emparer sans résistance de la Sévérie & de l'Ukraine.

Quelque bien concerté que parût ce projet, il ne laissa pas d'échouer, & n'aboutit qu'à précipiter le Roi de Suède dans un abîme de malheurs, dont il ne put pas se relever, comme on le verra dans la suite.

Avant de se mettre en route pour commencer l'exécution de ses desseins, il envoya ordre au Général Lévenhaupt, qui lui amenoit des troupes & des munitions, de hâter sa marche & de le suivre dans l'Ukraine.

Il décampa de Tartschin sur la fin de Septembre 1708 avec l'Armée, & pour suivre en Sévérie le Général Lagercrone. Il repassa durant, l'espace de seize milles par la plupart des endroits où il avoit passé quelques jours auparavant.

Pour

Pour prévenir le deſſein des Ennemis, il précipita extrêmement la marche des troupes. Elles firent juſqu'à
ſix milles par jour, malgré les maladies
& la diſette des vivres. On trouva
à-la-vérité à Craizow du ſel & de
l'eau-de-vie en aſſez grande quantité ;
mais cela n'étoit pas ſuffiſant pour toute
l'Armée.

On eut à traverſer une vaſte forêt,
entrecoupée de marais qui rendirent la
la marche fort pénible. Le Roi impatient de joindre Lagercrone prit les
devans avec le Prince à la tête d'une
partie de l'Infanterie, & laiſſa le reſte
de l'Armée avec le bagage qui ſuivoit
fort lentement. Le 3 d'Octobre il gagna l'extrémité de la forêt, & arriva à
Niuno, ſitué ſur les confins de la Sévérie. Ce Duché eſt un des meilleurs
pays des Etats du Czar. Le terroir en
eſt extrêmement gras, il produit une
grande quantité de blé, de fruits dé-
licieux, & d'excellens pâturages. On
y voit de grands villages & de jolies
villes, où l'Armée affoiblie par les fatigues & les maladies auroit trouvé les
commodités & l'abondance néceſſaire
pour ſe rafraîchir. Mais on fut bien ſur-

pris

pris de les trouver fermées, & gardées
par des garnisons Moscovites, & par les
habitans du pays même, qui sur l'affreux portrait qu'on leur avoit fait des
Suédois n'étoient nullement disposés à
les recevoir. Ils avoient fait au contraire tous les préparatifs nécessaires
pour se défendre vigoureusement en cas
d'attaque. Les villages étoient par-tout
déserts, les habitans qui les avoient a-
bandonnés à l'approche des Suédois a-
voient emporté avec eux leurs provisions
& leurs denrées, & on n'y trouva que
quelque peu de fourage pour les chevaux.

Ce fut la vigilance des Moscovites
qui rompit le desséin qu'avoit formé
Charles de s'emparer du pays par surprise. Dès-qu'ils eurent appris par des Es-
pions le mouvement qu'avoit fait l'Armée Suédoise du côté de Cruizow,
il pénétrèrent les vues du Roi de Suè-
dé, & la révolte de Mazeppa qui avoit
refusé d'obéir à quelques ordres du Czar,
& s'étant hâté de prévenir les Suè-
dois ils les devancèrent, en prenant le plus
court chemin sous la conduite de bons
guides.

Le Général Logercrone au contraire
s'étant

s'étant pendant longtems égaré de la route, ne put arriver qu'après le Roi à Gofzenize, où Sa Majesté lui avoit donné rendez-vous.

Cependant l'Armée campa dans les campagnes abandonnées de la Sévérie, en attendant l'arrivée des troupes & du convoi qu'amenoit Lévenhaupt, en qui l'on mettoit sa plus grande espérance : mais ce Général eut le malheur d'être battu par le Czar, qui tourna la plus grande partie de ses forces contre lui pour couper ce secours à l'Armée Suédoise.

Ce Monarque sentant combien il lui importoit d'empêcher la jonction de Lévenhaupt, dès-qu'il eut reçu avis qu'il avoit passé le Boristhène avec son corps de troupes, il laissa quelques Régimens pour observer l'Armée, & suivi des Princes de Darmstadt & de Menzikof, & des Généraux Pflug & Baur, il s'avança à la tête de ses troupes pour livrer bataille au Général Suédois. Celui-ci ayant été atteint près de Lezno par les Moscovites, ne balança pas un moment à les attaquer, quoiqu'ils fussent fort supérieurs en nombre. Il rangea ses troupes en bataille, & chargea

les

les Ennemis avec beaucoup de valeur.
Il mit souvent en desordre leur aîle gauche; mais le Czar l'ayant toujours ralliée & renforcée par des troupes fraîches,
soutint avec beaucoup d'opiniâtreté les
efforts des Suédois; de sorte que Lévenhaupt après deux heures de combat
ne pouvant se faire jour à travers les Ennemis, fit retirer ses troupes en bon ordre derrière le bagage pour se reposer.

Le Czar se reposa aussi de son côté,
dans le dessein de recommencer le combat aussi-tôt qu'il auroit reçu l'artillerie
qu'on lui amenoit. Lorsqu'elle fut arrivée & que l'on eut préparé les batteries, il donna le signal du combat. Les
Moscovites se jettèrent sur la gauche
des Suédois avec tant de furie, qu'ils la
culbutèrent & la poussèrent jusqu'à son
bagage. Les Suédois s'étant ralliés & a-
yant repris haleine, repoussèrent à leur
tour les Moscovites, & regagnèrent le
terrain qu'ils venoient de perdre. Le
combat s'engagea de tous côtés avec fureur & opiniâtreté, & dura jusqu'à la
nuit close qui sépara les combattans. Le
Czar fit tenir toute la nuit ses troupes
sous les armes, résolu de livrer à la poin-

te

te du jour un troisième combat avec le
secours d'un renfort de troupes. qui lui
venoit, & ne point donner de relâ-
che aux Suédois jusqu'à ce qu'il les eût
entièrement défait, & se fût emparé de
leur bagage. Lévenhaupt vit bien qu'il
lui étoit impossible de résister aux Ennemis, son Corps de troupes étoit fort
affoibli, il avoit perdu plus de 4000 hommes dans les deux actions, & ne pouvoit
espérer de recevoir de renfort. Il prit le
parti de se tirer de la mêlée du mieux qu'il
lui seroit possible, & d'amener au moins
au Roi de Suède ce qui lui restoit de
troupes pour renforcer l'Armée. Pour
cet effet il fit monter autant qu'il put
d'Infanterie sur les chevaux de bagage,
mit le feu à ses chariots, & décampa
au milieu de la nuit avec beaucoup de
secret & de diligence. Il abandonna à
la discrétion de l'Ennemi tout le bagage, avec les blessés & les malades qui ne
le purent pas suivre.

Le Czar ayant trouvé le lendemain
matin le camp des Suédois abandonné,
détacha aussitôt à leur poursuite 3000
Dragons & Grenadiers à cheval sous les
ordres du Général Pflug. Ils trouvèrent à Propoiske une partie de l'Infanterie

terie Suédoife poftée dans un Cimetière, ils les attaquèrent auffi-tôt, & firent un carnage affreux de tous ceux qui ne voulurent pas fe rendre prifonniers. A-près ce terrible échec Lévenhaupt joignit l'Armée, après avoir perdu plus de 6000 hommes, toute fon artillerie, fon bagage, & fes munitions de guerre & de bouche, fur lesquelles le Roi comp-toit beaucoup pour faire la guerre en U-kraine.

On peut aifément juger de la conf-ternation que ce malheur répandit parmi les troupes Suédoifes, qui étant dépour-vues de provifions fe voyoient à la veille de mourir de faim & de mifère.

Le Czar cependant triomphoit de l'a-vantage qu'il venoit de remporter fur les Suédois, quoiqu'il l'eût acheté par la perte d'un grand nombre de braves gens, & de plufieurs Officiers de grande dif-tinction, entr'autres du Prince de Darm-ftadt. Il donna avis aux Puiffances é-trangères de cette victoire, avec les cir-conftances qui lui étoient les plus glo-rieufes. Il envoya en Pologne un gros détachement de troupes contre le parti du Roi Staniflas, & invita le Roi Au-gufte à revenir en Pologne, à la tête de

ses troupes pour remonter sur le trône.
Dans de si heureuses circonstances il fut
même assez généreux, que d'offrir encore une fois la paix au Roi de Suède.

Mais ce Prince ne fut pas un instant
tenté de l'accepter. Il n'avoit point é-
té ébranlé par la disgrace qui venoit de
lui arriver, il persévéra dans le dessein de
faire la guerre avec plus de vigueur que
jamais & de détrôner le Czar. Le sou-
venir de ses victoires passées l'entretenoit dans cette flateuse espérance : il
voyoit que les Ennemis, nonobstant la
victoire qu'ils venoient de remporter,
n'osoient lui livrer de bataille à lui-même, & qu'ils s'en tenoient comme auparavant à quelques légères escarmou-
ches. Toutes ces raisons l'engagèrent à
refuser la paix que le Czar lui offroit
à des conditions fort avantageuses.

Il envoya un détachement de 500
hommes à Mlin, petite ville voisine du
quartier-général. Elle étoit gardée par
300 hommes de troupes réglées, & par
quelques mille Paysans. Le détachement ayant sommé la ville de se rendre,
fut accueilli d'une grêle de coups de
mousquet, & repoussé avec une perte
con-

confidérable. Ce que le Roi ayant appris, il s'avança le lendemain accompagné du Prince à la tête de quelques Régimens pour chercher les Ennemis. Mais ils s'étoient retirés fecrettement pendant la nuit, & n'avoient laiffé dans la ville qu'une petite quantité de provifions.

Le Roi ne s'y arrêta pas, & pénétra plus avant dans le pays, efpérant y trouver de quoi fournir à la fubfiftance de l'Armée. Il marcha à Novogorod, que l'on nomme auffi Séviersky, pour la diftinguer de la ville de Novogorod fituée fur les frontières de Livonie. Le Général Creutfe fut commandé avec quelques Régimens pour s'en emparer; mais ils la trouvèrent occupée par une forte garnifon de Mofcovites qui les avoient prévenu. Le Roi ne jugea pas à propos de les attaquer, il continua fa route, & vint à Horky, où il établit fon quartier.

Il y reçut des Députés de Mazeppa, qui lui apprirent que leur Général étoit en route avec fes Cofaques pour lui venir faire fes foumiffions, & fe mettre fous fa protection. Mazeppa ne tarda pas effectivement d'arriver, fuivi de

1500 hommes. Son deſſein avoit été de venir avec tout le corps des Coſaques qu'il avoit ſous ſon commandement. Dans cette vue il s'étoit avancé en-de-çà de la rivière de Dezna avec ſes trou-pes, ſans qu'elles ſuſſent encore rien de ſon projet. Il jugea alors à propos de s'en ouvrir aux principaux Officiers ; mais le plus grand nombre n'ayant pas voulu entrer dans ſes vues, l'abandon-nèrent avec leurs Régimens, & repaſ-ſèrent inceſſamment la rivière avec leurs Régimens. Quoique le Roi de Suède eût compté ſur un ſecours beaucoup plus conſidérable de Coſaques, il ne laiſſa pas de bien recevoir ce Général, qui avoit été fidelle à ſa parole, & qui pouvoit lui être utile pour la conquête de ce pays & de la Moſcovie, dont il avoit une parfaite connoiſſance. Il é-toit Polonois de naiſſance, & avoit pris ſon nom de la ville de Mazeppe, où il étoit né. Il ſervit dans ſa jeu-neſſe le Roi Sobiesky en qualité de Page de la Chambre. Il fut enſuite fait priſonnier par les Coſaques de Za-porovie *, qui s'étoient révoltés con-

tre

____

* *Coſaques de Zaporovie*, je ne ſais ſi ce mot eſt François, le terme Allemand eſt *Zapperowiſchen*.

ere la Pologne, dont ils étoient alors dé-
pendans.

On le conduisit à Baturin, capitale de
l'Ukraine : son génie le fit connoître au
Général des Cosaques, qui lui donna
son estime & sa confiance. Il s'acquita avec beaucoup de succès de plusieurs
affaires importantes dont il fut chargé,
& sut s'élever par son habileté & sa valeur à la dignité de Lieutenant-Général
des Cosaques.

Le Czar ayant disgracié & exilé le
Général en Sibérie, Mazeppa fut élu à
sa place par les Cosaques, dont il avoit su
s'attirer la considération & l'amitié. Il a-
voit un neveu nommé Wiénérousky,
qui devoit hériter de ses biens, & qui
s'étant attaché à lui le suivit jusqu'à
Bender, & partagea toutes ses disgraces,
jusqu'à ce qu'étant rentré en grace auprès du Czar, il retourna à la Cour de
Moscovie.

Mazeppa au reste étoit un personnage
de peu d'apparence. Il étoit petit, mai-
gre, & avoit des cheveux crépus & fri-
sés suivant la mode de Pologne. Quoiqu'il eût alors plus de 60 ans, il conservoit beaucoup de feu, & une ambition capable des plus grandes entreprises.

En

En qualité de Prince & de Général des Cosaques, il avoit accoutumé de faire porter un bâton d'argent devant lui, & derrière une queue de cheval, qui est l'étendart des Turcs.

Le Roi s'arrêta quelques jours à Horky, & y délibéra avec ce Général sur la conjonctûre présente des affaires, après quoi il s'approcha avec l'Armée de la Dezna. Le Roi & le Prince furent les prémiers qui la furent reconnoître avec le Général Sparre. Ils la trouvèrent gardée de l'autre côté par un corps de Moscovites, qui firent mine de leur disputer le passage. Charles ne laissa pas de donner ordre qu'on construisît incessamment des ponts sur la rivière. Pour cet effet 700 hommes furent commandés pour aller déloger les Ennemis de la rive opposée, ce qui fut exécuté. Ils traversèrent sur des radeaux, & gagnèrent l'autre bord sans résistance de la part des Ennemis, qui prirent la fuite, & laissèrent aux Suédois la liberté de passer la rivière.

L'Armée marcha ensuite droit à Baturin avec beaucoup de diligence, pour chasser les Moscovites qui l'étoient venu assiéger d'abord après le départ de

Mazeppa : mais Charles apprit en chemin que les Ennemis venoient d'emporter la place d'affaut, qu'ils en avoient paffé au fil de l'épée les habitans, & l'avoient pillée & brulée avec 30 moulins qui étoient près de-là fur la Seiffe.

Le Roi vint camper le 21 Novembre à Horodiske dans l'Ukraine proprement dite (qu'il faut diftinguer du Duché de Sévérie & de la Principauté de Czernicow qui y confinent) & y attendit l'arrivée du refte des troupes qui défiloient fur la Seiffe.

L'Ukraine eft bornée au levant par la petite Tartarie, au midi par la Mer Noire, au nord par la Mofcovie, & au couchant par la Pologne. Elle a environ 70 milles de longueur & 25 de largeur. Elle eft coupée par le Borifthène, qui eoulant du nord au midi, va fe décharger dans la Mer Noire. Les Cofaques qui habitent ce Pays, font des peuples vagabonds & indépendans. Pour mettre à couvert leur liberté des entreprifes du Turc voifin dangereux, ils s'étoient d'abord mis fous la protection de la Pologne qui les opprima. Ils fecouèrent le joug & fe rendirent tributaires de l'Empereur de

N 5 Mos-

peu, peuplé, & les villes & villages font
fort éloignés les uns des autres.

Charles XII après avoir laiffé repofer quelques jours l'Armée, & confom-
mé les vivres du canton où il avoit pris
fon quartier, s'avança dans le pays pour
mettre, fes troupes en quartier d'hiver.
Pour cet effet il les divifa, & ayant
affigné un quartier à tous les Régimens, ils fe mirent en devoir d'en déloger les Ennemis pour en prendre pos-
feffion. Les Colonels Taub & Ducker reçurent un échec à l'attaque d'une ville
dont ils vouloient s'emparer. Ils furent
chaffés du fauxbourg où ils avoient pénétré, avec perte de 200 hommes &
de 20 chariots du bagage : mais le Général Sparre étant venu les renforcer a-
vec 6 Régimens, ils attaquèrent les
Ennemis & les mirent en fuite, après
leur avoir tué plus de 400 hommes.

Pendant le quartier d'hiver qui ne
dura qu'un mois, on fut expofé à de
continuelles infultes de la part des Ennemis, de forte qu'on fut obligé d'être
toujours fous les armes. Les Mofcovites s'emparèrent par furprife de Biala-
zerkieu, forterefle confidérable fituée
en-deçà du Boriflhène au couchant de
l'U-

l'Ukraine. Par la prife de cette place, Mazeppa qui y avoit la plus grande partie de fes richeffes, perdit plus de deux millions.

Il fe faifoit par-tout des attroupemens de Payfans qui enlevoient aux Suédois leurs denrées & leurs bagages. Le Roi pour s'en venger fit mettre le feu à leurs villages ; mais cela ne réparoit pas les pertes des Suédois. Le Lieutenant-Colonel Funck alla en parti avec 500 hommes pour arrêter ces desordres. Il fit main-baffe fur tout ce qui s'oppofa à fon paffage, tua à Terci 1000 Cofaques du parti ennemi, & réduifit la ville en cendres. Il en fit autant de Drihalow, efpérant intimider par-là & tenir en refpect le refte des habitans du pays.

Le Roi pour attirer dans fon parti les Cofaques, & donner en même tems une idée plus avantageufe des Suédois, fit publier dans le pays un Manifefte conçu en Latin, dans lequel il expofoit les juftes motifs qui le portoient à faire la guerre aux Mofcovites.

Ce Manifefte, quelque bien tourné qu'il fût, ne produifit pas grand effet. Les Cofaques demeurèrent attachés au

N 7   Czar,

Czar, penfant avec raifon que s'ils embraffoient le parti du Roi de Suède, les Mofcovites dont ils étoient voifins fe vengeroient dans la fuite de leur défertion, lorfqu'ils ne pourroient plus être protégés par les Suédois.

Cependant les Ruffes continuoient, malgré la rigueur du froid, à harceler l'Armée Suédoife, dont les Régimens étant fort éloignés les uns des autres, ne pouvoient que difficilement s'entre-fecourir. Les Ennemis vinrent avec un gros Corps de troupes devant la ville d'Hadiats, où le Colonel Dahldorff étoit en quartier d'hiver avec deux Régimens, & l'attaquèrent avec beaucoup de réfolution. Il les repouffa avec autant d'avantage que de bravoure; cependant il auroit eu de la peine à réfifter dans la fuite aux affauts qu'ils donnoient tous les jours avec des troupes fraîches, s'il n'avoit pas reçu du fecours. Lorfque le Roi eut appris l'attaque d'Hadiats, il fe difpofa à l'aller fecourir. Il quitta fon quartier, & s'avança vers la ville avec le Régiment des Gardes à pié & quelques Efcadrons de Dragons. Il rencontra à quelques milles d'Hadiats un parti ennemi,

& l'ayant attaqué il en tua 40, & mit les autres en fuite. Le Prince Maximilien faillit à être tué dans cette occasion. Un Cavalier Moscovite l'ayant attaqué par derrière, lui auroit immanquablement fendu la tête, si dans le moment qu'il levoit le bras, le Prince ne se fût tourné & n'eût esquivé adroitement le coup qu'il lui portoit. Le reste du parti s'avança vers la ville en fuyant, & apprit la marche du Roi aux Moscovites qui la pressoient vivement. Sur cette nouvelle ils mirent le feu avant de se retirer aux fauxbourgs dont ils s'étoient emparés, & brulèrent une grande quantité de fourage que les Suédois y avoient amassé.

Sur ces entrefaites l'Armée reçut ordre de se mettre en chemin avec le bagage pour se rendre à Hadiats. Ce fut pendant cette marche qu'un des plus rudes hivers qu'on ait jamais eu commença à se faire sentir, & fit plus de mal aux troupes Suédoises que n'auroit fait la perte d'une bataille. Plus de 2000 hommes périrent de froid près d'Hadiats, un très grand nombre en devinrent perclus de leurs membres & incapables de servir, il n'y en eut presque

que

que aucun à qui il ne caufa quelque an-
gelure. Le Roi & le Prince n'en furent pas exemts : le prémier en eut une
au nez, & l'autre au pié. On tranſporta ſur des traineaux tous ceux qui
étoient morts dans la route. On trouvoit par-tout les ſentinelles & les ve-
dettes mortes à leurs poſtes. Le froid,
plus terrible que la peſte, avoit fait en
moins de trois jours des maiſons d'Hadiats autant d'hôpitaux. Elles étoient
remplies de malades étendus ſur des
bancs, ou couchés par terre. Quelques-uns expiroient dans des rêveries
ſemblables à celles d'une fièvre chaude,
d'autres mouroient aſſis avec beaucoup de tranquillité. Il n'y en eut
preſque aucun qui ne mourût, de ceux
qui paſſèrent trop vite du grand froid
à la chaleur. Ceux au contraire qui eurent la précaution de ſe bien frotter le
corps avec de la neige avant d'entrer
dans les chambres chaudes en réchap-
pèrent, comme firent le Roi & le
Prince.

Au commencement de Janvier 1709
Charles, malgré la rigueur du froid, marcha avec quelques Régimens à Czinkova & de-là à Vieprie, où il y avoit

gar-

garnifon Mofcovite. Il fit fommer la place de fe rendre, avec menace au Commandant de le faire pendre, fi par fa réfiftance on étoit obligé de la prendre d'affaut. Le Roi ne put attendre que le tems qu'il lui avoit donné pour délibérer fût écoulé, il fit donner affaut à la ville ; mais il fut repouffé avec perte de trois Colonels, d'un Lieutenant-Colonel, de 60 Officiers fubalternes, & d'un très grand nombre de Soldats. Le Prince eut la manche de fon habit percée d'une bale de mousquet, & le Feld-Maréchal Renfchild reçut une fâcheufe contufion au ventre. La nuit fuivante le Commandant fit battre la chamade, & fe rendit à difcrétion. Il affura que fi le Roi avoit différé l'affaut d'un quart-d'heure, il fe feroit rendu fans coup férir. La Garnifon fut faite prifonnière de guerre avec les bourgeois & les payfans qui s'y étoient retirés. Elle étoit forte de 1140 hommes. Le Roi pour fe venger de la perte qu'il avoit faite à l'affaut, fit réduire la ville en cendres, & la détruifit de fond en comble. De-là il retourna à Czinkova, où ayant eu avis qu'un Corps de 5000 Mofcovites étoit

pos-

posté aux environs de la ville, il détacha pour les combattre le Colonel Ducker avec 2000 hommes de Cavalerie. Ce Colonel les ayant rencontré fondit sur eux, leur tua 100 hommes, fit près de 1000 prisonniers, & se saisit d'une partie de leur bagage. Après quoi ayant mis le feu au bourg où les Ennemis s'étoient postés, il retourna joindre le Roi.

Le tems enfin arriva où le Prince obtint ce que son ambition lui faisoit souhaiter depuis longtems avec passion. La mort du Lieutenant-Colonel Wrangel lui en fournit une occasion favorable. Cet Officier s'étant avancé avec son Ecuyer & deux domestiques pour reconnoître une ville qui étoit occupée par des Moscovites, fut tué d'un coup de fauconneau, un de ses domestiques eut le même sort, & son Ecuyer eut le bras emporté. Comme par sa mort il laissoit vacant un Régiment de Dragons qu'il avoit commandé en chef, quelques personnes conseillèrent au Prince de le demander au Roi, l'assurant qu'il l'obtiendroit infailliblement. Le Prince qui se faisoit de la peine d'en faire lui-même la demande, fut d'abord ir-

irréfolu ; cependant s'étant déterminé, il faifit pour cela un moment favorable. Le Roi ne fit au Prince aucune réponfe pofitive là-deffus, mais il donna un ordre fecret de dreffer inceffamment des patentes de Colonel, & de les lui remettre. Il les garda pendant quelques jours fans en rien témoigner au Prince, dans le doute où il étoit, à ce que l'on crut, que le Prince ne fût pas content de l'emploi de Colonel. Le Prince craignant que Sa Majefté ne fe déterminât en faveur d'un autre, ne la quita point jufqu'à ce qu'elle fe fût expliquée là-deffus. Cependant il fe rendit avec le Roi à Opuzna où dix Régimens Mofcovites étoient poftés fous les ordres du Général Schombourg. Ceux-ci fe retirèrent d'abord, & cédèrent la place aux Suédois ; mais ils revinrent peu a près devant la ville, faifant mine d'en vouloir venir aux mains. Quoique le Roi n'eût que cinq Régimens tant de Cavalerie que d'Infanterie, il ne balança pas à les attaquer. Il les chargea avec beaucoup de vigueur, les mit en fuite, & fit quelques cent prifonniers. De-là il s'avança fur les frontières de Mofcovie, où il eut différentes
tes

tes rencontres avec les Ennemis, & presque toutes à son desavantage. Il perdit pres de Krasnakut plus de la moitié d'un Régiment, qui fut taillée en pièces, après avoir mis le feu à plusieurs villes & villages : le Roi revint joindre le gros de l'Armée, qui étoit à Hadiatz. Pendant cette expédition Sa Majesté conféra au Prince l'emploi de Colonel de Dragons, & lui en délivra les patentes, conçues en termes qui marquoient l'estime singulière qu'elle ayoit pour lui. Elle accompagna cette grace d'un présent de 10000 florins, en l'assurant de la continuation de sa bienveillance & de son affection. Le Prince pénétré des bontés du Roi se rendit à son Régiment, qui étoit à Deukalunka, à la distance de cinq milles du quartier-général.

Cependant les Moscovites, sous le commandement du Général Schermetof, remportèrent à Reschova un avantage considérable sur les Suédois. Ils se jettèrent d'abord sur 120 hommes qui étoient au fourage près de la ville, & les taillèrent tous en pièces ; après quoi ils vinrent fondre au nombre de 12 Régimens d'Infanterie sur les Dragons

gons Suédois, qui étoient dans Refcho-va. Ceux-ci fe défendirent avec beau-coup de bravoure ; mais comme ils combattoient avec defavantage, ayant oublié de défcendre de cheval, ils fu-rent la plupart tués ou faits prifonniers; le Colonel Albendehl eut le fort des der-niers ; cependant un Major & 300 hommes fe firent jour à travers les En-nemis, & fe retirèrent à Lutinka. Les Suédois perdirent dans cette action une partie de leur bagage, tous leurs che-vaux d'artillerie, & ceux qui fer-voient au tranfport du bagage de deux Régimens.

Les Suédois croyant que les Ennemis animés par cette petite victoire vien-droient les attaquer à Hadiats, où étoit encore la plus grande partie du bagage, fe préparèrent à faire une vigoureufe dé-fenfe. Mais les Mofcovites, contens de l'avantage qu'ils venoient de rem-porter, ne firent aucune tentative pour enlever le bagage, que l'on tranfporta par Lutinka à Opuzna & à Budizin, où le Roi prit fon quartier.

La perte que les Suédois avoient fouffert à la dernière attaque, fut ré-parée par un Corps de 8000 Cofaques

Za-

Zaporoviftes, que Charles attira dans
fon parti. Ils lui donnèrent une marque
de leur fidélité & de leur bravoure à
l'attaque d'une ville qu'ils emportèrent
d'affaut, ils y taillèrent en pièces 1600
Mofcovites, & firent 105 prifonniers.
Les Ennemis s'en vengèrent fur le Régiment du Prince, dont ils paffèrent au
fil de l'épée 16 Dragons & un Lieutenant qui étoient à Czinkowa. Cet é-
chec, quelque petit qu'il fût, caufa
beaucoup de chagrin au Prince : c'étoit
le prémier qui lui étoit arrivé, depuis
qu'il avoit fon Régiment. Afin d'ob-
vier à de telles pertes, auxquelles il fe
voyoit tous les jours expofé en envoyant
des partis de côté & d'autre pour fub-
venir à la difette des vivres, il fit demander la permiffion de s'approcher du
quartier-général & l'obtint.

Pendant ce tems-là le Czar follicita
de nouveau un cartel pour l'échange des
prifonniers. Le Roi de Suède lui envoya fon Auditeur-Général pour en
traiter. Charles ne voulut point accepter de cartel en forme, mais il confentit
feulement de rendre autant de prifonniers
que le Czar lui en renverroit. Cet Empereur étoit alors à Woronits, où il faifoit

soit construire des barques, à 18 milles
du camp Moscovite. Il demanda à
l'Auditeur-Général si le grand Roi
Charles ne le faisoit pas saluer, & lui
ordonna de lui faire des complimens de
sa part.

Dans le triste état où se trouvoit
l'Armée Suédoise qui étoit fort affoiblie, & qui manquoit de vivres &
d'habits, le Roi ne vit pour lui d'autre
ressource que de tâcher de se rendre maître
de Pultowa, ville des plus considérables de l'Ukraine. Elle servoit de ma-
gasin à l'Armée ennemie, & renfermoit
toutes les richesses du pays, que l'on y
avoit transportées, & qui y étoient gardées par une forte garnison. Charles
en prenant cette ville espéroit réparer toutes ses pertes : il pouvoit y attendre commodément le secours de troupes que devoit lui amener le Roi Stanislas par le Boristhène, & reprendre le
dessus sur ses Ennemis.

Le siège de cette place résolu, le
Roi de Suède partit dans ce dessein le
10 de Mai avec une partie de l'Armée. Le Prince dont le courage lui
faisoit rechercher avec empressement les
occasions de se signaler, obtint du Roi
la

la permiſſion de le ſuivre à ce ſiège avec
ſon Régiment. A l'approche des Suédois
l'Armée Moſcovite qui s'avançoit pour
ſecourir la ville , prit auſſi-tôt la fuite ,
ne voulant pas engager un combat qui
auroit pu être déciſif. Le Czar pour
faire une diverſion marcha à Opuzna
avec 12000 hommes : il fit jetter dans
la ville 260 grenades , & attaqua ſi vivement les Suédois qui y étoient poſtés , que le Roi fut obligé de leur envoyer un ſecours de troupes , dont il
donna le commandement au Prince.
Lorſqu'il fut arrivé devant la ville,
les Aſſiégés firent une ſortie ſur les Moſcovites , & les forcèrent de ſe retirer.
On ſe tint toute la nuit ſous les armes,
dans la penſée que l'Ennemi reviendroit
à la charge ; cependant il ne parut pas.
Le jour ſuivant les Suédois mirent le
feu à la ville, & allèrent joindre le gros
de l'Armée.

Le 29 de Mai le Roi arriva devant
Pultowa, & en forma le blocus. Les
Ennemis cependant trouvèrent le moyen
de jetter pendant la nuit dans la ville un
Régiment de Grenadiers, qui paſſèrent
ſur un pont la rivière Worskla, ſur laquelle eſt ſituée Pultowa. Pour couper

per toute communication à la ville, le
Roi fit tirer une ligne depuis le bord de
la rivière jusqu'au camp. A peine fut-
elle achevée, que les Ennemis la vinrent attaquer, fecondés par les Affiégés,
qui firent en même tems une fortie fur les
Suédois, les repouffèrent, & leur tuèrent environ 1000 hommes. Dans cette
action, le Brigadier Gallowin fut pris
prifonnier avec 12 Mofcovites.

Le Roi fit enfuite tout préparer pour
l'attaque; & pour avancer le fiège plus
vite & avec moins de perte, il tenta la
voie des mines. On avoit déjà creufé
jusqu'aux caves de la ville, lorfque les
Affiégés éventèrent la mine & la ruinèrent. Cela fit d'autant plus de tort
aux Affiégeans, que la poudre commençoit à leur manquer, & qu'ils n'a-
voient point d'efpérance d'en recevoir.
Ils preffèrent cependant le fiège avec
beaucoup d'ardeur, mais avec peu de
fuccès. On ne put guères avancer les
travaux. Dans les prémières attaques,
plufieurs Ingénieurs & Officiers furent
tués ou bleffés, outre un grand nombre
de Soldats. La plupart moururent de
leurs bleffures, que la gangrène caufée
de leur mal aigu. On en a par
ce

par une excessive chaleur rendoit mor-
telles.

Quoique les fortifications de cette
ville fussent peu considérables, le Roi
cependant n'avoit pas assez d'artillerie
& de munitions pour l'assiéger dans les
formes; il espéroit s'en rendre maître
peu à peu, ou la réduire par la famine.

Les Catholiques du commencement du
siège offrirent sous certaines conditions de l'emporter d'assaut, & de
la livrer au Roi. Presque personne ne
doutoit du succès de leur entreprise;
mais Charles n'y voulut pas consentir,
parce qu'il ne vouloit pas trop en laisser
l'honneur, & qu'il attendoit une occasion favorable de s'emparer de la place
& de ses richesses sans trop exposer ses
troupes.

Cependant les Assiégés se défendoient
avec beaucoup de courage & de vigilance, ils avoient une nombreuse garnison, & étoient abondamment fournis
d'artillerie & de munitions de guerre &
de bouche. Aucun Suédois n'osoit se
montrer sans s'exposer à un feu terrible
de leurs canons, qui tonnoient de toutes parts. Les Assiégés firent aussi de
fré-

fréquentes sorties, favorisées par les
Moscovites qui étoient postés au-delà
de la rivière. Le 16 Juin ils tombèrent
subitement sur le Régiment du Colonel
Horb, espérant à prendre Mazeppa
prisonnier, mais ils furent repoussés
avec perte . . . .
Le 25, les Moscovites ayant traversé la rivière, fondirent sur la brigade
du Général Gülso, la chassèrent du
poste qu'elle occupoit, lui enlevèrent
son bagage, & brûlent le peu de ce qu'ils
ne purent pas emporter. Par ce moyen
ils délivrèrent 1200 prisonniers Moscovites & leur Colonel, qui étoient sous
la garde du Régiment de Cruse.
Sur ces entrefaites le Corps de l'Armée ennemie s'avança sous la conduite
du Czar en personne, qui traversa la
rivière Worskla sans aucune opposition
de la part de Charles. Il établit son
camp à une demi-mille des Suédois, le
fit environner d'un retranchement défendu par des redoutes qu'il fit élever
de distance en distance, & qu'il garnit
de troupes & d'artillerie. Les Suédois
s'approchèrent aussi-tôt au nombre de
8 Régimens d'Infanterie & autant de
Cavalerie, pour observer les mouvemens

arriva au camp Suédois sous une escorte
Turque, & apporta au Roi des Lettres du Grand-Seigneur & du Kam de
Tartarie. Un Sécrétaire de Suède nom
Klinckenstrom lui fut aussi dépêché
Stockholm, pour lui notifier la mo
de la Duchesse de Holstein sa sœ
Le Comte Piper qui savoit l'
particulière que le Roi avoit tou
eu pour cette Princesse, jugea à p
de lui cacher cette fâcheuse nou
dans la crainte qu'elle ne lui c
l'altération & n'empirât sa blessure.

Cependant le Roi de Suède se v   ne
pressé & enfermé par les Mos   ites
qui lui coupoient la commu   ion
avec la Pologne, résolut d'en   ir à
une action décisive, & d'aller   uer
dans leurs retranchemens l'Arm   os-
covite, qui étoit trois fois   nombreuse que la sienne, & qui é   éfen-
due par une forte artillerie.   ans ce
dessein il ordonna les disposi ions pour
le combat la nuit du 7 au 8 de Juillet.

A la pointe du jour le Roi ayan
laissé quelques Régimens devant Pultowa pour observer les Assiégés, s'avança avec l'Armée vers les retranchemens

des

des Moscovites, & rangea en leur préfence fes troupes en bataille. Porté fur un brancart, il fe mit au centre à la tête de l'Infanterie, & plaça le Régiment du Prince fur le front de l'aile gauche. l'Armée n'étoit compofée que de quelques Régimens de Cavalerie & de 18 Bataillons de troupes réglées. Les Suédois commencèrent l'attaque avec quelque fuccès. Ils chargèrent avec tant d'impétuofité la Cavalerie ennemie qui étoit hors des retranchemens qu'ils l'enfoncèrent, la mirent en fuite, & fe rendirent maitres de deux redoutes. Le Czar étant d'abord accouru au fecours de fa Cavalerie à la tête de l'Infanterie qu'il fit fortir de fes lignes, repouffa les Suédois & les obligea de fe retirer. D'autre part le Général Rofe ayant tardé de joindre avec fes 6 Bataillons le refte de l'Infanterie Suédoife fut coupé par les Ennemis, qui l'ayant enveloppé de tous côtés, le forcèrent à fe rendre prifonnier avec tous les fiens.

Malgré une perte aufli confidérable, Charles ayant mis de nouveau fes troupes en ordre de bataille, fe difpofa à faire une feconde attaque. L'Infanterie retourna à la charge avec une ardeur

ex-

extraordinaire, mais elle fut bientôt ralentie par le feu de l'artillerie ennemie, qui foudroyant les Suédois de front en jetta sur le carreau des files entières, & fit un affreux ravage. En même tems la Cavalerie ennemie sort de ses retranchemens, attaque par derrière quelques Bataillons, & les empêche de soutenir les prémiers. Le combat s'engage de tous côtés avec beaucoup de fureur. Renschild pour arrêter les efforts de la Cavalerie Moscovite, s'avance avec quelques Régimens de Dragons, qu'il fait défiler le long d'un bois à travers le feu ennemi; mais avant d'avoir achevé de ranger son monde en bataille, il se voit environné par les Moscovites & pris prisonnier. La confusion & le désordre se mettent de toutes parts parmi les troupes Suédoises, le Roi fait tous ses efforts pour les rallier, mais en vain : les chevaux de son brancard sont tués par l'artillerie ennemie; il en fait atteler d'autres, qui sont encore emportés par une volée de canon qui met le brancard en piéces & renverse le Roi. Un petit nombre de Drabants qui combattent autour de sa personne, se défendent en lions contre un monde d'Ennemis; &

empêchent leur Maître de tomber entre les mains du Vainqueur. Enfin on
se met un peu au large, on essaye de mettre le Roi à cheval; mais le chéval est
aussi-tôt tué; on le remplace par celui
d'un Colonel, qui à peine descendu de
cheval est tué aux yeux du Roi, &
lui conserve la vie aux dépens de la
sienne. Une petite troupe d'Officiers
& de Cavaliers s'étant ralliée autour de
Charles s'ouvre par des prodiges de valeur un passage à travers les Moscovites,
& conduit le Roi jusqu'au bagage de
l'Armée.

Cependant le Prince s'étoit défendu
avec beaucoup de bravoure. Dès le
commencement du combat son Régiment
avoit été enveloppé par les Ennemis qui
lui avoient enlevé un étendart. Il fut
si sensible à cette perte, que pour la
réparer il s'élança au milieu des Moscovites, & ayant attaqué un Cornette il
lui arracha son guidon. Quelque tems
après il en prit encore un à l'Ennemi.
Il perça plusieurs fois les rangs des
Moscovites sans les pouvoir enfoncer,
eut deux chevaux tués sous lui. Après
que l'aîle droite des Suédois eût été
mise en déroute, il se vit accablé par
la

la plus grande partie des forces ennemies. Il ne laissa pas de faire ferme,
& s'étant fait jour à travers les Moscovites à la tête de son Régiment & de
celui d'Oftrogothie, il fut pourfuivi
pendant plus d'une mille par 6 Régimens de Dragons & 2000 Cofaques &
Calmuks. Enfin fe voyant vivement
preffé par les Ennemis qui avoient taillé en piéces les 2 Régimens Suédois à
l'exception de 100 hommes, il fe jetta
en bas de fon cheval, réfolu de vendre
chèrement fa vie ou fa liberté. Il fut
imité par Wrangel Lieutenant-Colonel
des Drabants, & par quelques Officiers.
Mais avant qu'ils fe fuffent rangés pour
fe mettre en état de défenfe, les Mofcovites fondirent fur lui, & le prirent
prifonnier avec les Officiers qu'il avoit
à fes côtés, & quelques foldats.

Les Officiers Mofcovites firent mille
politeffes au Prince, qu'ils avoient d'a-
bord pris pour le Roi. On le condui-
fit chez le Brigadier Groppendorf, &
enfuite chez le Czar, qui le reçut avec
de grandes marques de diftinction.

Cependant le Roi arrivé au bagage de
l'Armée, fut joint par quelques Officiers Suédois. La confternation étoit
pein-

peinte sur leur visage, & un morne si-
lence marquoit la vivacité de leur douleur. Charles seul, plus grand encore
dans l'adversité qu'il ne l'avoit été dans
la prospérité, se mit par sa fermeté au
dessus de l'affreux revers qu'il venoit
d'éprouver.

Il étoit un exemple bien frappant des
vicissitudes humaines. Ce Monarque
qui peu d'années auparavant avoit été la
terreur du Nord qu'il menaçoit de sub-
juguer, qui suivi d'une Armée toujours
victorieuse avoit détrôné un Roi &
couronné un autre, & qui auroit pu
être l'Arbitre & le Pacificateur de toute l'Europe, voyoit toute sa gloire s'é-
vanouïr par la perte d'une seule bataille,
contraint de fuir devant un Ennemi qu'il
avoit méprisé, & de chercher un azile
chez les Turcs. Une partie de ses
troupes avoit été taillée en pièces, l'autre mise en fuite, son bagage pillé, sa
Chancellerie & sa Caisse Militaire prises
dans son camp par les Moscovites.

Il demande avec empressement où é-
toit le Prince de Wirtemberg, le Comte Piper, & le Feld-Maréchal Renschild; mais on ne put lui en rien apprendre. Il falut s'éloigner incessamment

ment pour échapper à la poursuite des
Ennemis. On mit le Roi qui souffroit
beaucoup de sa blessure, dans le carof-
se du Baron de Sittman Envoyé de
Prusse, & l'on prit la route du Boristhène.

Cependant Charles envoya le Général Mayerfeld au camp Russien pour
traiter de l'échange de quelques prisonniers, & pour tenter une trève avec
le Czar. Le Baron de Sittman qui accompagna le Roi dans sa fuite, lui fit
offrir par le Général Poniatowsky la
médiation du Roi de Prusse son Maitre:
Charles lui fit répondre qu'il ne pouvoit lui donner de résolution là-dessus
jusqu'au retour de Mayerfeld, mais ce
Général ne rejoignit le Roi qu'à Bender. Lorsque Charles fut arrivé sur les
bords du Boristhène, l'Envoyé Prussien
réitéra ses instances. Le Général Sparre eut ordre de lui dire que dans la conjoncture présente on ne pouvoit encore
s'expliquer sur les offres du Roi de
Prusse, mais que dans la suite on les
pourroit accepter.

Le Roi passa ensuite le fleuve dans
un bateau avec le Général Mazeppa,
suivi de plusieurs Officiers & d'environ

ron mille Cavaliers, qui traversèrent le
fleuve à la nage avec quelques Fantaf-
sins en croupe. Le Baron de Sittman
ayant pris congé du Roi, se rendit pendant la nuit avec un Tambour Suédois
à l'Armée Moscovite, qui étoit postée
sur une hauteur, dans la route du Boristhène. Il pria le Prince Menzikof
de la part de quelques Généraux Suédois
qui étoient avec le débris de l'Armée
près du fleuve, de suspendre les hosti-
lités jusqu'à ce qu'il eût reçu de nouveaux ordres du Czar, en conséquence
de la négociation de Mayerfeld : mais
Menzikof lui répondit qu'il n'attendoit point d'autre ordre que celui que
venoit de lui donner son Maitre, qui
l'obligeoit à poursuivre par-tout les Suédois, & à les faire prisonniers : il ajouta
que si les Suédois vouloient obtenir une
capitulation honorable, ils ne devoient
pas différer d'accepter celle qu'il leur
offroit.

Le Baron de Sittman en ayant auffi-
tôt donné avis aux Suédois, ils affemblèrent un Conseil de guerre, & y délibérèrent fur le parti qu'ils avoient à prendre. Le résultat fut que le Général
Creuts, le Colonel Ducker, & l'A-

ju-

judant-Général Comte de Duclas, se
rendroient auprès du Prince de Menzikof, pour s'informer des conditions
qu'on vouloit leur imposer. Ces Officiers
s'étant transportés au quartier de Menzikof, acceptèrent la capitulation qu'on
leur offroit, après l'avoir fait examiner
dans un Conseil général des Suédois.
Elle portoit que les Soldats seroient faits
prisonniers de guerre, & que les Officiers
gárderoient leurs armes & leur bagage,
& seroient renvoyés sans rançon après la
paix faite. Le Baron des Sittman qui
s'intéressa pour les Suédois, obtint du
Prince Menzikof en faveur des Soldats, que ce qui leur étoit dû d'arréra-
ges leur seroit payé de la caisse de leurs
Régimens.

Cependant le Prince de Wirtemberg
qui étoit à l'Armée Moscovite, y avoit
toutes sortes d'agrémens, & ne s'apper-
cevoit qu'il étoit prisonnier que par la
douleur d'être séparé du Roi de Suède,
dont les malheurs le touchoient vivement. Le Czar fit l'honneur au Prince
de l'inviter à sa table, il lui témoigna
l'estime particulière qu'il avoit conçue
pour sa personne, & lui fit présent d'une
épée qu'il avoit accoutumé de porter.
Il donna ordre qu'on lui fournît ce dont

il.

il avoit befoin, tentes, chevaux, caroſſe, & tout le bagage néceſſaire.

Le Prince ſe propoſa de retourner
dans le Wirtemberg chez la Princeſſe
ſa mère, pour ſe délaſſer de ſes travaux
militaires. Il en obtint la permiſſion
par le Prince Menzikof, ſous certaines
conditions. Et afin de faire le voyage
commodément & ſurement juſques ſur
les frontières d'Allemagne, il attendit
le départ de l'Armée Moſcovite, qui
devoit aller en Pologne.

Il partit peu après en parfaite ſanté de
Pultowa avec l'Armée, mais à la ſecon-
de journée il ſe trouva ſi mal qu'il fut
obligé de s'arrêter en route, & de ſe faire enſuite porter à Lubin, ville ſituée à
15 milles de Pultowa. Il y reçut ſouvent
viſite du Czar & du Prince Menzikof,
qui lui firent mille amitiés. Comme ſa maladie qui étoit une fièvre maligne empiroit
tous les jours, & ne lui permettoit pas
de continuer ſon voyage, on lui conſeilla de reſter à Lubin juſqu'à ſon réta-
bliſſement. Pour cet effet Sa Majeſté
Czarienne mit auprès du Prince un de
ſes Médecins, & quelques Gardes du
corps pour avoir ſoin de lui, & lui
donna pour compagnie le Lieutenant-
Colonel Wrangel, & un Cornette nom-

mé

mé Herd qui avoit été fait prisonnier à
Pultowa. Le Commandant de la ville
reçut aussi ordre de rendre au Prince
toutes sortes d'honneurs, & de ne lui
rien refuser de tout ce qui pourroit lui
faire plaisir.

Au bout de cinq semaines, il parut
assez bien rétabli pour être en état de se
mettre en chemin. Il se rendit à Kiovie, & y ayant rencontré le Général
Renne, il continua son voyage avec lui
jusqu'à Ostrow en Volhinie, où une
nouvelle attaque de fièvre l'obligea de se
mettre au lit. Renne eut pour le Prince tous les soins & toutes les attentions
possibles. Au bout de quelques jours
ce Général fut obligé de se séparer de
lui pour aller exécuter les ordres dont il
étoit chargé. Après son départ le Prince se fit transporter à Dubno, où l'Armée Suédoise avoit été trois ans auparavant. Le mal augmentant considéra-
blement, & lui ôtant toute espérance de
rétablissement, il se prépara à la mort
avec beaucoup de résignation, & tourna
toutes ses pensées du côté de l'Eternité.
Il participa avec beaucoup de dévotion
au Sacrement de la Ste. Cêne, quoiqu'il l'eût déjà fait peu avant la bataille
de

de Pultowa. Marquant au Ministre qui
le lui administra un entier détachement
du Monde, il lui dit qu'il subissoit
sans regret la loi imposée à tous les
hommes, & que convaincu des vanités
de cette Vie il lui étoit indifférent de
mourir quelques années plutôt ou plus
tard. S'étant ensuite tourné vers le
Lieutenant-Colonel Wrangel, il le pria
d'assurer le Roi de Suède qu'il mouroit
le cœur pénétré d'une vive reconnoiss-
sance de toutes les graces dont il l'avoir
comblé; & que si sa vie avoir été plus
longue, il se feroit fait un devoir & un
plaisir de l'employer à son service.

On ne négligea ni remèdes ni soins
pour tâcher de le rétablir, mais tout
fut inutile; son mal augmentoit, & ses
forces diminuoient de jour en jour. Il
conserva cependant toute la vigueur de
son esprit jusqu'à quelques heures avant
sa mort, qu'il commença à rêver, ayant
continuellement le nom du Roi à la
bouche, & marquant par tout ce qu'il
disoit l'extrême attachement qu'il avoit
pour lui. Son agonie ne dura pas longtems. Etant revenu à lui un quart
d'heure avant d'expirer, il écouta d'un
air fort tranquille & édifié les consola-

tions

tions du Miniſtre, & rendit les derniers
ſoupirs entre les bras du Lieutenant-Colonel Wrangel le 25. Septembre 1709,
entre 3 & 4 heures du matin, âgé de
20 ans & 7 mois.

Tel fut le ſort de ce Prince, de mourir dans un lit de langueur, après avoir
heureuſement échappé à mille dangers &
accidens auxquels ſon courage & ſa vivacité l'avoient expoſé. Il ne fut point
bleſſé à la ſanglante bataille de Pultowa,
quoiqu'il s'y fût beaucoup ſignalé, &
que ſon intrépidité l'eût porté ſans aucun ménagement dans les endroits les
plus meurtriers. Dans plus de 40 combats & rencontres où il s'étoit trouvé,
il n'avoit reçu qu'une bleſſure un peu
dangereuſe près de la rivière Bérézine,
dont il avoit été parfaitement guéri.

Le Roi de Suède ayant appris à Bender la mort prématurée du Prince de
Wirtemberg, en fut vivement touché.
Il dit à ceux qui la lui apprirent, qu'il
venoit de perdre le meilleur de ſes amis.
Les regrets de ce Monarque, qui ſe con-
noiſſoit en mérite, & qui ne prodi-
guoit pas ſon eſtime, faiſoient un beau
panégirique du défunt. Le Czar prit
auſſi beaucoup de part à la mort de ce
Prin-

Prince. Il donna de grands éloges à sa valeur ; & pour témoigner l'estime qu'il conservoit pour sa mémoire, il fit faire à Dubno la cérémonie de ses funerailles avec beaucoup de pompe & de magnificence. Le corps du Prince ayant été embaumé, fut ensuite transporté à Cracovie sous l'escorte de 30 Moscovites. Il y fut reçu par Goltz Général Saxon, & fut mis dans une Eglise jusqu'à ce qu'on eut appris où la Princesse de Wirtemberg souhaitoit qu'il fût enterré. Pour cet effet le Colonel Meyer & le Lieutenant-Colonel Wrangel furent envoyés à Stutgard, pour savoir là-dessus l'intention de la Princesse, & pour la complimenter sur la mort du Prince son fils. Elle demanda à la Cour Impériale la permission de le faire enterrer sur les frontières de Silésie dans une Eglise Protestante de Pitschen.

L'Empereur la lui accorda, & fit expédier en conséquence un ordre au grand Directoire de Silésie de recevoir le corps du Prince sur les frontières, & de le faire enterrer avec toutes sortes d'honneurs.

Cependant les ravages que faisoit alors
la

la pefte en Pologne, fit différer l'exécution de cet ordre jufqu'au mois d'A-
vril de l'année fuivante. L'Ajudant-
Général Schilling ayant fait transporter de Cracovie le corps mort fous
efcorte Mofcovite jufqu'aux frontières
de Siléfie, le remit à des Commiffaires
de l'Empereur, qui le firent conduire
par une Compagnie de Cavaliers à Pet-
fchen, où il fut placé dans une E-
glife.

Le cercueil étoit couvert d'un drap
écarlate, & garni en dedans de damas.
Le corps du Prince étoit habillé auffi
d'un damas blanc doublé d'un tafetas
ponceau, & couché fur un matelas de
la même étoffe, bordé de magnifiques
dentelles. La tête étoit appuyée fur
un couffin rempli de plufieurs herbes
aromatiques. On voyoit aux pieds une
petite caffette où étoient renfermés le
foie & les poûmons. Pour les entrailles,
elles avoient été enterrées à Dubno avec
un domeftique du Prince qui mourut
peu de tems après lui; & le cœur avoit
été porté à Anfpach, & mis dans le cercueil de la Margrave mère de la Princeffe de Wirtemberg : de forte que le
corps de ce Prince fût difperfé dans
plu-

plufieurs endroits fort éloignés les uns
des autres.

Le jour fuivant on lui fit de magnifiques obſèques. Il fut mis dans une
tombe pratiquée derrière l'Autel, le Mi-
niftre du lieu prononça enfuite dans l'E-
glife l'Oraifon funèbre du Prince, en
préfence d'une nombreufe affemblée de
la Nobleffe du pays.

F I N.